KB220637

기독교 교리 개요

AN OUTLINE OF
THE CHRISTIAN DOCTRINES

〔10판〕

김효성
Hyosung Kim
Th.M., Ph.D.

옛신앙
oldfaith
2019

머리말

성경의 요지는 교리와 윤리이다. 웨스트민스터 소요리문답 제3문답은 "성경은 무엇을 주로 가르치는가?"라는 질문에 대해 "성경은 사람이 하나님에 관해 믿어야 할 바와 하나님께서 사람에게 요구하시는 의무를 주로 가르친다"고 대답했다.

교리는 믿음의 내용이며, 윤리는 행위의 원리이다. 교리는 믿어야 할 하나님의 진리를 말로 표현한 것이며 성경 교리들의 체계적 지식이 신학 혹은 조직신학이다. 윤리는 선한 행위의 원리들, 즉 하나님께서 주신 생활 교훈이며 그것을 체계적으로 정리한 것이 윤리학이다. 성경의 모든 말씀은 결국 조직신학과 윤리학으로 정리될 것이다.

본서는 기독교 교리 개요, 즉 성경에 근거한 기독교 진리들의 개요이다. 이것은 개혁신학의 요점이기도 하다. 좀더 자세한 내용은 저자의 『조직신학』을 참고하면 좋을 것이다.
http://www.oldfaith.net/02sys.htm
http://www.oldfaith.com/00download/02dogma-ethic/00sys.pdf

저자는 본서가 장로교회의 장로, 권사, 주일학교 교사, 권찰, 집사 등의 교회 직분자들에게 또 성경을 사랑하는 기타 모든 성도들에게 유익한 지식이 되기를 기도한다.

내용 목차

1. 하나님의 존재하심

하나님께서 계심을 믿는 믿음은 기독교 신앙의 첫걸음이다. 히브리서는 "믿음이 없이는 기쁘시게 못하나니 하나님께 나아가는 자는 반드시 그가 계신 것과 또한 그가 자기를 찾는 자들에게 상 주시는 이심을 믿어야 할지니라"고 말했다(히 11:6). 우리는 기본적으로 하나님께서 계시다는 사실을 확신해야 한다.

그런데 우리는 하나님께서 계시다는 사실을 어떻게 알 수 있는가? 하나님께서 계시다는 사실에 대한 어떤 확실한 증거가 있는가? 하나님께서 계시다는 사실은 자연만물과 성경과 경험을 통해 증거된다.

자연만물의 증거

첫째로, 자연만물은 하나님께서 계시다는 사실을 증거한다. 이것은 사람들이 핑계할 수 없는 증거이다. 그러므로 사도 바울은, "창세로부터 그의 보이지 아니하는 것들 곧 그의 영원하신 능력과 신성이 그 만드신 만물에 분명히 보여 알게 되나니 그러므로 저희가 핑계치 못할지니라"고 말했고(롬 1:20), 또 히브리서에서는 "집마다 지은 이가 있으니, 만물을 지으신 이는 하나님이시라"고 말했다(히 3:4).

집 한 채나 시계 한 개도 우연히 존재하지 않는다. 그것들은 그것을 만든 자의 존재를 증거한다. 이와 같이 그것들보다 천 배, 만 배 더 크고 놀라운 우주와 자연만물은 창조주 하나님의 존재를 증거하는 것이다. 자연만물의 존재 자체가, 또 그것의 신비한 질서와 적응성이, 전지 전능하신 창조주 하나님의 존재를 증거한다. 하늘에 있는 별들의 놀라운 질서와 법칙, 또 지구상의 다양한 동식물들과 특히 사람의 신비한 구조와 기관들의 움직임들은 결코 우연히 생길 수 없는 것들이다. 그것들은 전능하신 창조자 하나님의 존재를 증거한다.

성경말씀의 증거

둘째로, 성경말씀은 하나님께서 계시다는 사실을 증거한다. 성경은 처음부터 하나님께서 계심을 전제(前提)하고 선포하고 있다. 창세기 1:1, "태초에 하나님이 천지를 창조하시니라." 그러므로 창세 전부터 계시는 하나님을 증명하는 것은 오히려 우스꽝스러운 일일 것이다.

하나님의 존재가 전제되어 있다는 것 자체가 하나님께서 계시다는 사실에 대한 힘있는 증거이다. 하나님께서는 모세에게 '나는 스스로 있는 자니라'고 말씀하셨다(출 3:14). 그 말씀은 직역하면 "나는 '나는 있다'이니라" 혹은 헬라어 70인역과 같이 "나는 '있는 자'니라"이다. '여호와'(יהוה)라는 하나님의 이름은 그가 스스로 계신 자, 즉 영원자 존자(永遠自存者)이심을 나타내는 이름이다.

그러나 특히 성경에 기록된 하나님의 많은 특별계시들은 하나님의 존재에 대한 확실하고 충분한 증거들이다. 신명기 4장에 보면, 모세는 이스라엘 백성에게 이렇게 말했다.

"네가 있기 전 하나님이 사람을 세상에 창조하신 날부터 지금까지 지나간 날을 상고하여 보라. 하늘 이 끝에서 저 끝까지 이런 큰 일이 있었느냐? 이런 일을 들은 적이 있었느냐? 어떤 국민이 불 가운데서 말씀하시는 하나님의 음성을 너처럼 듣고 생존하였었느냐? 어떤 신이 와서 시험과 이적과 기사와 전쟁과 강한 손과 편 팔과 크게 두려운 일로 한 민족을 다른 민족에게서 인도하여 낸 일이 있느냐? 이는 다 너희 하나님 여호와께서 애굽에서 너희를 위하여 너희 목전에서 행하신 일이라. 이것을 네게 나타내심은 여호와는 하나님이시요 그 외에는 다른 신이 없음을 네게 알게 하려 하심이니라"(신 4:32-35).

성경은 하나님께서 계시다는 사실을 풍성하게 또 확실하게 증거하고 있다. 누구든지 성경책을 자세히 읽고 연구하며 묵상하는 자는 이 사실을 확실히 알 것이다. 성경은 하나님의 계심을 증거한다.

경험의 증거

셋째로, 성도는 하나님께서 계시다는 것을 일상생활 속에서 경험하기도 한다. 하나님께서는 '사시고 참되신 하나님'이시다(렘 10:10). 그는 지금도 살아계셔서 활동하신다. 그는 택한 죄인들을 구원하시고 그의 백성을 보호하시고 인도하신다. 성도들은 이 세상에서 하나님의 섭리적 보호와 인도를 받으며 살고 있다.

특히, 하나님께서는 성도들의 기도를 들으신다. 그는 선지자 예레미야를 통해 "너희는 내게 부르짖으며 와서 내게 기도하면 내가 너희를 들을 것이요 너희가 전심으로 나를 찾고 찾으면 나를 만나리라"고 약속하셨다(렘 29:12-13). 그러므로 우리는 이 세상의 삶의 여정(旅程)에서 기도의 응답을 통해 하나님께서 계심을 알 수 있다.

무신론(無神論)의 어리석음

오늘날 휴머니즘과 유물론을 포함하여, 세상에는 하나님이 계시지 않다고 생각하는 무신론자들이 많다. 그러나 무신론은 하나님께서 계시다는 많은 증거들, 즉 자연만물의 증거와 성경말씀의 증거들과 경험의 증거들을 무시하기 때문에 어리석다. 무신론은 무슨 증거들을 제시하는가? 무신론은 아무런 증거들을 내놓지 못한다.

무신론은 그 자체가 큰 죄요 죄의 뿌리이다. 하나님께서 만드신 이 세상에 살면서 창조주 하나님을 부인하는 것은 가장 근본적 죄이며, 거기에서 그 외의 모든 죄악들이 나온다. 사람은 하나님을 두려워하지 않기 때문에 그가 행위의 규칙으로 명령하신 계명을 어기는 악을 담대히 행한다. 그러므로 시편 14:1은 "어리석은 자는 그 마음에 이르기를 하나님이 없다 하도다. 저희는 부패하고 소행이 가증하여 선을 행하는 자가 없도다"라고 말하였고, 잠언 16:6은 "[사람이] 여호와를 경외함으로 인하여 악에서 떠나게 되느니라"고 말했다.

2. 기독교 진리의 확실성

기독교는 스스로 유일한 진리임을 주장한다. 예수께서는 "나는 길이요 진리요 생명이니 나로 말미암지 않고는 아버지께로 올 자가 없느니라"고 말씀하셨다(요 14:6). 사도 베드로는 "다른 이로서는 구원을 얻을 수 없나니 천하 인간에 구원을 얻을 만한 다른 이름을 우리에게 주신 일이 없음이니라"고 말했다(행 4:12). 사도 바울도 "하나님은 한 분이시요 또 하나님과 사람 사이에 중보도 한 분이시니 사람이신 그리스도 예수라"고 말했다(딤전 2:5).

그런데 기독교의 이런 주장은 과연 정당한가? 기독교 진리가 확실하다는 어떤 증거가 있는가? 기독교 진리의 확실성은 증언들의 진실성과, 기적과 능력의 일들과, 죄 문제의 해결을 통해 증거된다.

증언들의 진실성

첫째로, 기독교 진리가 확실함은 증언들의 진실성을 통해 증거된다. 하나님께서는 진실하시다. 또 하나님께서는 사람에게 "거짓 증거하지 말라"는 계명을 주셨다(출 20:16). 그는 거짓된 혀와 거짓말하는 거짓 증인을 미워하신다(잠 6:17, 19). 반면에, 마귀는 거짓말쟁이요 거짓의 아비이다(요 8:44). 이와 같이, 진실은 하나님의 근본 속성이며 기독교의 기본적 덕이다. 기독교 진리는 바로 진실한 증언들 위에, 즉 진실의 속성 위에 세워져 있는 것이다.

성경 저자들은 그들이 증거한 사건들에 대한 진실한 증인들이었다. 기독교 복음은 진실한 증인들의 증언들에 근거한 것이다. 누가는 그의 복음서 서두에 "우리 중에 이루어진 사실에 대하여 처음부터 말씀의 목격자 되고 일꾼된 자들의 전하여 준 그대로 내력을 저술하려고 붓을 든 사람이 많은지라. 그 모든 일을 근원부터 자세히 미루어 살

핀 나도 데오빌로 각하에게 차례대로 써 보내는 것이 좋은 줄 알았노니, 이는 각하로 그 배운 바의 확실함을 알게 하려 함이로라"고 썼다(눅 1:1-4). 사도 요한은 요한복음 맨 끝에 "이 일을 증거하고 이 일을 기록한 제자가 이 사람이라. 우리는 그의 증거가 참인 줄 아노라"라고 썼다(요 21:24). 이와 같이, 예수 그리스도의 제자들은 진실한 증인들이었고, 그들의 증언들은 진실한 증언들이었다.

특히 예수 그리스도의 제자들의 고난과 순교는 그들의 진실성에 대한 강력한 증거이다. 그들의 증언들은 순교의 피로 인쳐진 증언들이었다. 세상에 거짓 증거를 위해 목숨을 버릴 자가 있겠는가. 그러나 예수님의 제자들은 자신들이 증거한 일들을 인해 죽기까지 했다. 그러므로 예수님의 제자들이 흘린 순교의 피는 그들의 증언들의 진실성에 대한 가장 힘있는, 아니 최종적인 확증이다. 기독교 진리는 바로 이런 진실한 증인들의 진실한 증언들에 근거하므로 확실하다.

기적과 능력의 일들

둘째로, 기독교 진리가 확실함은 많은 기적과 능력의 일들을 통해 증거된다. 구약시대에 하나님께서는 이스라엘 나라에 많은 기적과 능력의 일들을 주셨다. 그는 모세를 통해, 엘리야와 엘리사를 통해, 다니엘과 세 친구들을 통해 많은 기적들을 행하셨다. 신약시대에도 하나님께서는 주 예수 그리스도와 그의 사도들을 통해 많은 기적과 능력의 일들을 주셨다. 성경에 기록되어 있는 많은 기적과 능력의 일들은 기독교 진리의 확실함을 충분히 증명하고도 남는다.

그러므로 예수께서는 자신이 행하는 일들을 통해 자신을 믿으라고 제자들에게 말씀하셨다(요 14:11). 마가는 "제자들이 나가 두루 전파할새 주께서 함께 역사하사 그 따르는 표적으로 말씀을 확실히 증거하시니라"고 기록하였고(막 16:20), 요한은 "예수께서 제자들 앞에서

이 책에 기록되지 아니한 다른 표적도 많이 행하셨으나 오직 이것을 기록함은 너희로 예수께서 하나님의 아들 그리스도이심을 믿게 하려 함이요 또 너희로 믿고 그 이름을 힘입어 생명을 얻게 하려 함이니라"고 말했다(요 20:30-31). 히브리서 저자도, "이 구원은 처음에 주로 말씀하신 바요 들은 자들이 우리에게 확증한 바니 하나님도 표적들과 기사들과 여러 가지 능력과 및 자기 뜻을 따라 성령의 나눠주신 것으로써 저희와 함께 증거하셨느니라"고 말한다(히 2:3-4).

이와 같이, 기독교 진리의 확실함은 성경에 기록된 하나님의 기적과 능력의 많은 일들을 통해 증거된다. 그러므로 누가 성경에 기록된 풍성한 증거들 외에 또 하나의 증거를 구한다면, 그는 아주 믿음이 없는 자일 것이다. 왜냐하면 성경에 기록되어 있는 하나님의 기적과 능력의 일들은 하나님의 진리들을 충분히 확증하기 때문이다.

죄 문제의 해결

셋째로, 기독교 진리의 확실함은 죄 문제의 해결을 통해 증거된다. 이것은 경험적 증거이다. 죄는 사람의 근본적 문제이다. 인류의 모든 불행은 죄 때문에 왔다. 예수께서 이 세상에 오신 것은 우리의 죄를 대속(代贖)하시기 위함이었다(마 20:28). 그러므로 사람이 자신의 죄를 깨닫지 못할 때는 하나님의 진리가 자기와 상관없고 자기와 거리가 먼 것으로 여겨지지만, 자신의 죄를 깨닫고 죄로부터 구원받기를 원할 때 하나님의 진리들이 그에게 가까이 다가오고 확실하게 깨달아지는 것이다. 우리는 죄 문제의 해결을 통하여, 즉 죄를 회개하고 예수 그리스도를 믿음으로 그의 피로 죄사함을 받는 체험을 통하여 기독교 진리의 확실함을 깨닫게 된다. 그때 그는 베드로처럼 "영생의 말씀이 주께 있사오니 우리가 뉘게로 가오리이까?"라고 고백할 것이다(요 6:68). 그때 그는 기독교 진리의 확실성을 깨닫게 될 것이다.

3. 계시(啓示)와 성경

하나님께서는 인류 역사 초기부터 사람들에게 자신을 알려주셨다. 그는 '말씀하시는 하나님'이시다. 히브리서 저자는, "옛적에 선지자들로 여러 부분과 여러 모양으로 우리 조상들에게 말씀하신 하나님이 이 모든 날 마지막에 아들로 우리에게 말씀하셨으니"라고 말하였다 (히 1:1-2). 하나님께서 자기 자신과 자신의 원하시는 바를 말과 행위로 나타내시는 것을 계시(啓示, revelation)라고 표현한다.

일반계시

하나님께서는 자연만물과 그 현상들을 통해, 사람의 양심을 통해, 그리고 인류 역사의 사건들을 통해 자신을 창조자와 섭리자로 나타내셨다. 이것을 일반계시(General Revelation)라고 한다. 성경은 "하늘이 하나님의 영광을 선포한다"고 말하였고(시 19:1), 또 "창세로부터 그의 보이지 아니하는 것들 곧 그의 영원하신 능력과 신성이 그 만드신 만물에 분명히 보여 알게 되었다"고 말했다(롬 1:20). 또 성경은 사람의 양심을, "사람의 마음에 새긴 하나님의 율법"이라고 표현했다 (롬 2:15). 일반계시는 하나님을 어렴풋이 알게 한다. 그러나 사람은 범죄함으로 마음의 눈이 어두워져 일반계시를 통해 하나님의 존재를 바르게 잘 알지 못하고 더욱이 하나님의 구원의 의지나 방법을 깨닫지 못한다. 그러므로 일반계시는 사람을 구원에 이르게 하지 못한다. 사람은 일반계시로 하나님을 알거나 구원을 받을 수 없다.

특별계시

그러므로 하나님께서는 죄인들의 구원을 위해 역사상 특별한 방식으로 자신을 나타내셨다. 이것을 특별계시(Special Revelation)라고 한다. 하나님께서 사용하신 특별한 방식들은 그가 직접 나타나시거나 말씀하시거나 기적을 행하시는 것이었다.

첫째로, 하나님께서는 역사상 여러 번 직접 나타나셨다. 그는 때때로 사람의 모습으로 나타나셨다. 창세기 18:1-2, "여호와께서 마므레 상수리 수풀 근처에서 아브라함에게 나타나시니라. 오전 즈음에 그가 장막 문에 앉았다가 눈을 들어본즉 사람 셋이 맞은 편에 섰는지라." 또 하나님께서는 때때로 불이나 구름 가운데 나타나셨다. 출애굽기 19:18, "시내산에 연기가 자욱하니 여호와께서 불 가운데서 강림하심이라." 마지막으로, 하나님께서는 예수 그리스도로 나타나셨다. 예수 그리스도께서는 사람의 본질을 취하신 하나님이시다. 요한복음 1:14, "말씀이 육신이 되어 우리 가운데 거하시매 우리가 그 영광을 보니 아버지의 독생자의 영광이요." 요한복음 14:9, "나를 본 자는 아버지를 보았거늘."

둘째로, 하나님께서는 말씀하셨다. 그는 간혹 친 음성으로 말씀하셨다. 출애굽기 19:19, "모세가 말한즉 하나님이 음성으로 대답하시더라." 또 그는 자주 꿈과 환상 중에 말씀하셨다. 창세기 15:1, "여호와의 말씀이 이상 중에 아브람에게 임하여 가라사대." 또 그는 선지자들과 사도들에게 특별한 감동으로 말씀하셨다. 예레미야 1:4, "여호와의 말씀이 내게 임하니라 이르시되."

셋째로, 하나님께서는 기적들을 행하셨다. 성경에는 기적을 위해 표적(sign), 기사(奇事), 능력이라는 세 단어가 사용되었다. 하나님께서는 역사상 특히 네 시대에 많은 기적을 행하셨다. 모세와 여호수아 시대는 구약 종교의 기초를 놓은 때이었다. 엘리야와 엘리사의 시대는 심각한 배교의 시대이었고, 다니엘과 세 친구들의 시대는 유다의 멸망과 바벨론 포로생활의 시대이었고, 그리스도와 사도들의 시대는 하나님의 특별계시가 그리스도와 그의 사역으로 완성된 시대이었다.

3. 계시(啓示)와 성경

성경

하나님의 특별계시들은 성경에 기록되었다. 성경은 하나님의 특별계시들의 기록이다. 성경은 하나님의 특별계시들의 기록이라는 점에서 다음 네 가지의 성격을 가진다.

첫째로, 성경은 매우 **필요**하였다. 성경은 하나님의 특별계시들을 보존하고 전달하기 위해 그리고 하나님의 택한 백성들을 다 구원하기 위해 매우 필요하였다. 디모데후서 3:15, "성경은 능히 너로 하여금 그리스도 예수 안에 있는 믿음으로 말미암아 구원에 이르는 지혜가 있게 하느니라."

둘째로, 성경은 **신적 권위**를 가진다. 성경은 하나님의 특별계시들의 '유일한 저장소'이며 하나님께서 이것으로 말씀하신다는 점에서 신적 권위를 가진다. 성경은 기록되어진 하나님의 말씀이며 하나님의 권위로 인쳐진 책이다. 성경은 곧 하나님의 말씀이다.

셋째로, 성경은 **명료한** 책이다. 성경에 어려운 내용들이 없지 않지만, 이 책은 우리의 구원과 영적 성장을 위해 하나님의 뜻을 분명하고 확실하게 전달한다. 성경은 전체적으로 결코 수수께끼같이 어려운 책이 아니고 일반 사람들이 이해할 만한 책이다.

넷째로, 성경은 **충족한** 말씀이다. 하나님께서는 모세와 선지자들을 통해 그리고 마지막으로(히 1:2) 주 예수 그리스도와 그의 사도들을 통해 그의 뜻을 충분히 말씀하셨고, 그 모든 말씀을 성경에 기록하게 하셨다. 신약성경은 그 완성이다. 신구약 성경은 이제 하나님의 충족한 말씀이 되었다. 신약성경 맨 마지막에는 이 책에 무엇을 더하지도 말고 빼지도 말라는 엄숙한 경고가 있다(계 22:18-19). 그러므로 웨스트민스터 신앙고백 1:1은 "하나님께서 그의 뜻을 계시하시던 이전의 방식들은 지금은 중지되었다"고 진술하였다. 우리는 신구약 성경 외에 하나님의 다른 계시를 구할 필요가 없고 구해서도 안 된다.

4. 성경의 신적 권위

우리의 믿음의 내용이 되는 기독교 교리들은 신구약성경에 근거한다. 신구약성경은 객관적 신적 권위를 가지기 때문에 기독교 교리들은 확실하고 믿을 만하다. 그러나 우리는 신구약성경의 객관적 신적 권위를 어떻게 확증할 수 있는가? 우리는 성경이 하나님의 말씀이라는 사실을 어떻게 알 수 있고 어떻게 믿을 수 있는가?

구약성경

우선, 우리는 구약성경의 신적 권위를 어떻게 확증할 수 있는가? 첫째로, 우리는 **모세와 선지자들의 역할과 권위를 통해** 그것을 확증할 수 있다. 모세와 선지자들은 하나님의 특별계시의 도구들이었다. 이 사실에서 그들의 교훈과 글들의 신적 권위가 나온다. 하나님께서는 "내가 모세와 대면하여 명백히 말했다"고 말씀하셨다(민 12:6-8). 모세는 하나님의 계시의 특별한 도구이었다(신 34:10). 거짓 선지자들이 많았던 이스라엘 왕 아합 시대에 참 선지자 미가야는 "여호와께서 내게 말씀하시는 것 곧 그것을 내가 말하리라"고 말하였는데(왕상 22:14), 그것이 참 선지자의 권위의 근거이었다.

둘째로, 우리는 **예수 그리스도의 말씀을 통해** 그것을 확증할 수 있다. 그는 구약성경을 하나님의 말씀으로 여기셨다. 그는 마귀의 시험을 물리치실 때 "기록되었으되"라는 말로 구약성경을 거듭 인용하셨고(마 4:4, 7, 10), 또 "성경은 폐할 수 없다"고 단언하셨다(요 10:35).

셋째로, 우리는 **사도들의 말씀을 통해** 그것을 확증할 수 있다. 사도들은 예수 그리스도와 동일한 성경관을 가지고 있었다. 사도 바울은 "모든 성경은 하나님의 감동으로 되었다"고 증거하였다(딤후 3:16). 그것은 성경의 신적 기원과 신적 권위를 증거한다. 사도 베드로도

"예언은 언제든지 사람의 뜻으로 낸 것이 아니요 오직 성령의 감동을 입은 사람들이 하나님께 받아 말한 것임이니라"고 말했다(벧후 1:21).

신약성경

그러면 우리는 신약성경의 신적 권위는 어떻게 확증할 수 있는가? 첫째로, 우리는 **구약성경의 예언들의 성취라는 신약성경의 성격을 통해** 그것을 확증할 수 있다. 신약성경의 첫 구절은 "아브라함과 다윗의 자손 예수 그리스도의 족보라"는 말이다(마 1:1). 그것은 신약성경이 구약의 예언들을 이루신 예수 그리스도에 관한 내용임을 증거한다. 구약성경은 장차 오실 메시아에 관해 증거하였는데(요 5:39), 그 메시아 예언들은 예수 그리스도를 통해 성취되었다(눅 24:27, 44). 그러므로 예언인 구약성경이 신적 권위를 가진다면, 그 예언의 성취인 신약성경이 더욱더 신적 권위를 가지는 것은 당연한 일이다.

둘째로, 우리는 **예수 그리스도의 신적 권위를 통해** 그것을 확증할 수 있다. 예수 그리스도께서는 하나님의 아들이시요 하나님과 동등되신 인격이시다. 그는 친히 "나와 아버지는 하나이니라"고 말씀하셨고(요 10:30), "천지는 없어지겠으나 내 말은 없어지지 아니하리라"고 말씀하셨다(마 24:35). 하나님의 아들 예수 그리스도께서는 하나님의 특별계시들 중의 특별계시이시며 하나님의 최종적, 절정적 계시이시다. 그러므로 예수 그리스도의 말씀들과 행위들을 기록하고 그에 관해 증거하는 신약성경이 신적 권위를 가지는 것은 당연한 일이다.

셋째로, 우리는 **사도들의 역할과 권위를 통해** 그것을 확증할 수 있다. 신약시대의 사도들은 구약시대의 선지자들과 비슷하였다. 그들은 주 예수께로부터 말씀을 선포하라는 **특별한 명령**을 받았다: "너희는 가서 모든 족속으로 제자를 삼아 . . . 내가 너희에게 분부한 모든 것을 가르쳐 지키게 하라"(마 28:19-20). 그들은 또한 주 예수께로부터 성령의 지도하심에 대한 **특별한 약속**을 받았다: "성령, 그가 너희에게 모든 것을 가르치시고"(요 14:26), "진리의 성령이 오시면 그가 너희를 모든 진리 가운데로 인도하시리니 그가 자의로 말하지 않고 오직 듣는 것을 말하시며 장래 일을 너희에게 알리시리라"(요 16:13). 더욱이, 그들은 주께로부터 기적을 행할 수 있는 **특별한 표**를 받았다. 성경은 "사도들로 인하여 기사와 표적이 많이 나타났다"고 증거했다(행 2:43). 기적은 사도의 표이었다. 사도 바울은 "사도의 표들은 너희 가운데서 모든 참음 중에 표적과 기사와 능력을 행한 것이라"(원문 직역)고 말하였다(고후 12:12).

이와 같이, 주 예수 그리스도의 사도들이 주께로부터 특별한 명령과 특별한 약속과 특별한 표를 받았기 때문에, 그들은 주의 교회의 기초를 닦는 자들이 되었고 그들의 글들은 신적 권위를 가지게 되었다. 그러므로 사도 바울은 "너희가 우리에게 들은 바 하나님의 말씀을 받을 때에 사람의 말로 아니하고 하나님의 말씀으로 받음이니 진실로 그러하다"고 말하였고(살전 2:13), 또 "형제들아, 굳게 서서 말로나 우리 편지로 가르침을 받은 유전을 지키라"고 말했다(살후 2:15). 또 그는 "너희는 사도들과 선지자들의 터 위에 세우심을 입은 자라"고 증거하였다(엡 2:20). 또 이와 같이, 사도들의 쓴 글들 혹은 그들이 인정한 글들인 신약성경은 신적 권위를 가지는 것이다.

하나님께서는 오늘날 성경을 통하여 말씀하신다. 성경은 하나님의 특별계시의 기록이며 유일한 저장소일 뿐만 아니라, 또한 하나님께서 그것을 통해 지금도 말씀하시는 유일한 수단이다. 성경은 하나님의 살아 있는 말씀이다. 사람의 본성은 영적으로 어둡고 불신앙적이며 죄악되지만, 성령께서 우리 속에서 일하실 때, 우리는 하나님의 진리들을 깨닫게 되고 믿음으로 구원을 받고 성경의 신적 권위도 믿게 되고 성경말씀대로 살아 큰 평안과 복을 얻는다.

5. 성경의 무오성(無誤性)

성경의 무오성(無誤性)이란 성경에 기록된 역사적 사건들과 성경에 계시된 교리들과 생활 원리들이 참되고 확실한 진리들이요 어떤 오류도 없다는 것을 의미한다. 물론, 이것은 성경의 원본을 두고 하는 말이다. 사본들이나 번역본들에 약간의 부정확함이 있을 수 있다는 것은 인정된다. 그러나 사본들과 번역본들의 차이점들이란 하나님의 섭리 가운데 내용상 심각한 차이를 가져오는 것이 아니며 그것들의 비교 연구를 통해 성경 원본의 본문은 거의 확정된다. 특히 신약성경의 경우, 우리는 원본의 본문이 변질되거나 변개됨 없이 전통적 다수 사본들을 통해 잘 보존되고 전달되어 왔다고 본다.

그런데 20세기에 교회를 크게 부패시키고 혼란시키기 시작한 자유주의 신학은 성경을 믿을 만하지 못한 오류투성이의 책으로 간주하며 성경의 기본적 교리들을 부정했다. 성경에 오류처럼 보이는 부분들이 있는 것은 사실이나 가능한 설명을 가지는 것은 오류가 아니고 난제일 뿐이다. 오류라고 말할 수 있는 것은 명백히 확증된 것이어야 한다. 성경에 그러한 오류는 없다고 본다. 역사상 성경의 여러 난제(難題)들은 고고학의 발달로 해명되었다. 아직도 잘 모르는 부분들에 대해서는 믿음과 기도로 겸손히 그 뜻을 찾아나가야 할 것이다.

우리가 성경의 무오성(無誤性)을 믿는 까닭은 첫째로 성경의 신적 권위 때문이며, 둘째로 성경의 축자(逐字, verbal)[단어] 영감 때문이며, 셋째로 성경의 독특한 목적 때문이다.

성경의 신적 권위

첫째로, 우리는 성경의 신적 권위 때문에 성경의 무오성을 믿는다. 주 예수께서는 "성경은 폐하지 못한다"고 친히 말씀하셨다(요 10:35).

사도 바울은 데살로니가 교인들에게 "굳게 서서 말로나 우리 편지로 가르침을 받은 유전을 지키라"고 말하였다(살후 2:15). 또 요한계시록 22:18-19는 기록된 책의 말씀들에 무엇을 더하거나 거기에서 무엇을 빼지 말라고 엄히 경계하였다. 이러한 말씀들은 다 성경의 신적 권위를 증거한다. 성경은 하나님의 권위로 인쳐진 책이다.

만일 성경이 어떤 오류가 있는 책이라면, 그것은 신적 권위를 가질 수 없을 것이다. 우리는 오류가 있는 책에 신적 권위를 돌릴 수 없을 것이다. 아무리 작은 부분의 오류라 할지라도, 성경에 오류가 있다는 생각은 성경 전체에 악영향을 미치며 성경의 신임성과 권위를 파괴시키고 말 것이다. 사실, 이것이 오늘날의 자유주의 신학이 해온 바이다. 성경의 오류를 말하면서 시작된 자유주의 신학은 마침내 성경의 기본적 사실들과 교리들을 부정하였던 것이다.

성경의 축자(逐字)〔단어〕 영감

둘째로, 우리는 성경의 축자(逐字, verbal)[단어] 영감을 믿기 때문에 성경의 무오성을 믿는다. 주 예수께서는 "천지가 없어지기 전에는 율법의 일점일획이라도 반드시 없어지지 아니하고 다 이루리라"고 말씀하셨다(마 5:18). 그것은 성경의 작은 부분까지 영감되었음을 잘 나타낸다. 사도 바울은 "모든 성경은 하나님의 감동으로 되었다"고 말했다(딤후 3:16). 그것은 성경의 영감이 성경의 모든 부분에 미침을 보인다. 또 그는 갈라디아서 3:16에서 하나님께서 아브라함에게 하신 약속의 말씀에서 '자손'이라는 단어가 복수명사인가 단수명사인가를 가지고 진리를 해석하고 논했다. 즉 그는 성경의 영감이 단어에까지, 그것도 그 단어가 복수인가 단수인가에까지 미침을 증거한다.

이와 같이, 성경은 하나님의 영감으로 기록된 책이다. 성경 자체가 하나님의 영감이 성경의 모든 책에 또 각 책의 모든 부분들에 미친다는 것을 증거하며, 또 성경의 지극히 작은 부분, 심지어 단어까지도 영감되었음을 증거한다. 우리는 성경의 축자(逐字的, verbal)[단어] 영감을 믿는다. 이러한 성경의 축자 영감, 단어 영감의 사실은 성경에 오류가 있을 가능성을 배제한다.

성경의 독특한 목적

셋째로, 우리는 성경의 독특한 목적 때문에 성경의 무오성을 믿는다. 시편 19:7-8은 성경의 독특한 목적과 그 목적을 위한 네 가지의 성격 즉 완전성, 확실성, 정직성, 순결성을 증거한다: "여호와의 율법은 완전하여 영혼을 소성케 하고, 여호와의 증거는 확실하여 우둔한 자로 지혜롭게 하며, 여호와의 교훈은 정직하여 마음을 기쁘게 하고, 여호와의 계명은 순결하여 눈을 밝게 하도다." 성경에 계시된 교리들과 생활 교훈들은 완전하고 확실하며 정직하고 순결하다.

사도 바울은 성경이 구원에 이르는 지혜를 주며 또 교훈과 책망과 바르게 함과 의로 교육하기에 유익하다고 증거하였다(딤후 3:15-17). 하나님께서 성경을 주신 첫 번째 목적은 사람들을 구원하기 위함이었다. 구원의 요점은 주 예수님을 믿고 의롭다 하심을 받는 것(칭의 稱義)과, 거룩해지고 온전케 되는 것(성화 聖化)이다. 이것은 영원한 죽음에서 영생으로, 지옥 형벌에서 천국 복락으로 이끄는 구원이다.

성경은 사람의 구원을 위해 신앙과 행위, 즉 교리와 윤리의 객관적 표준이 된다. 그러므로 성경에 계시된 구원의 진리들과 생활의 원리들은 확실하고 무오(無誤)할 수밖에 없다. 만일 성경이 오류가 있는 책이라면, 그 구원의 목적은 실패하고 말 것이다. 그러나 성경을 주신 하나님의 목적은 결코 실패할 수 없다. 이 배교와 불신앙의 시대에도, 하나님께서는 택한 백성을 이 무오한 성경을 통해 구원하시고 온전케 하신다. 그러므로 우리는 성경의 신적 권위와 무오성을 믿자.

6. 하나님의 속성들

하나님께서는 어떤 분이신가? 우리는 하나님의 속성들, 즉 하나님께 돌려지는 여러 가지 성품들을 통해 하나님에 대해 어느 정도 알 수 있다. 웨스트민스터 소요리문답 제4문답은, "하나님께서는 어떤 분이신가?"라고 질문하고, "하나님께서는 그의 존재와 지혜와 능력과 거룩하심과 의로우심과 선하심과 진실하심에 있어서 무한하시고 영원하시고 불변하신 영이시다"라고 대답하였다.

영이심

우선, 하나님께서는 영이시다. 예수께서는 "하나님은 영이시다"라고 분명히 말씀하셨고(요 4:24), 또 "영은 살과 뼈가 없다"고도 말씀하셨다(눅 24:39). 영은 물질적 실체를 가지지 않으며 따라서 사람의 육신의 눈으로 볼 수 없다. 하나님께서는 "아무 사람도 보지 못하였고 또 볼 수 없는 자"이시다(딤전 6:16). 하나님께서 영이시기 때문에 우리는 그를 물질적 형상으로 만들려 하지 말아야 하며 또 그에 대한 우리의 예배도 육신적이거나 물질적이기보다 영적이어야 한다.

무한, 영원, 불변하심

하나님께서는 또한 무한하시다. 그는 어느 장소에 제한되지 않으시고 동시에 어느 곳에나 계시다. 시편 145:3, "하나님의 광대하심[크심]을 측량치 못하리로다." 예레미야 23:24, "나는 천지에 충만하지 아니하냐?" 성경에 하나님께서 하늘에 계시며(마 6:9) 하늘이 하나님의 보좌(사 66:1)라는 말씀은 하늘에 하나님의 영광을 나타내시는 한 처소가 있음을 의미한다. 그러나 실상 하늘의 하늘이라도 무한하신 하나님을 다 모시지 못한다(왕상 8:27). 하나님께서는 죄인들의 마음에도 계셔서 그것을 감찰하시고 그들을 징벌하시며 지옥에도 계셔서 악인들을 심판하시지만, 죄악과 혼합되지는 않으신다.

하나님께서는 또 영원하시다. 시편 90:2, "주는 영원부터 영원까지 하나님이시니이다." 하나님께서는 영원 전부터 계시고 영원 후까지 계신다. 사실, 시간은 하나님의 창조 세계에 속하며 하나님께서는 시간의 제약을 받지 않으시고 그것을 초월하신다. 그는 과거와 현재와 미래를 동시에 바라보실 수 있는 초시간적 존재이시다.

하나님께서는 또 불변하시다. 시편 102:27, "주는 여상(如常)[동일]하시고." 말라기 3:6, "나 여호와는 변역지[변하지] 아니하느니라." 그의 존재와 속성들에 있어서 뿐만 아니라 그의 뜻에 있어서도, 그는 불변하시다. 성경에 하나님께서 후회하신다는 표현이 간혹 나오지만 (출 32:14; 욘 3:10 등), 그런 말씀들은 신인동형동성적(神人同形同性的) 표현, 즉 하나님께서 사람과 같은 모양과 같은 성정을 가진 존재처럼 표현하는 비유적 표현에 속하는 것으로 이해해야 할 것이다.

지혜와 능력이 크심

하나님께서는 또 지극히 지혜로우시다. 시편 139:2-4, "주께서 나의 앉고 일어섬을 아시며 멀리서도 나의 생각을 통촉하시오며 나의 길과 눕는 것을 감찰하시며 나의 모든 행위를 익히 아시오니." 하나님의 지혜와 지식은 무한하고 완전하시다. 그는 전지(全知)하시다. 그는 세상의 모든 것을 아시며 종말도 처음부터 아신다(사 46:10).

그는 또 지극히 능력이 많으시다. 창세기 17:1, "전능하신 하나님 (엘 솨닷이 אֵל שַׁדַּי)." 창세기 18:14, "여호와께 능치 못한 일이 있겠느냐?" 물론, 하나님께서는 자신에게 반대되는 일들은 하실 수 없다. 예를 들어, 그는 자기를 부정하실 수 없고, 자기를 죽이실 수 없고, 죄를 지으실 수 없고, 거짓말을 하실 수 없다.

거룩하시고 의로우시고 선하시고 진실하심

하나님께서는 또 지극히 거룩하시다. 출애굽기 15:11, "주와 같이 거룩함에 영광스러우신 자가 누구니이까?" 하나님의 거룩하심은 그가 모든 피조물로부터 초월해 계시며 감히 그것들과 비교할 수 없으며 또한 모든 도덕적 불결로부터도 떠나 계심을 의미한다.

하나님께서는 또 지극히 의로우시다. 신명기 32:4, "하나님은 공의로우시고 정직하시도다." 의(義)란 도덕적 기준에 맞는 것을 가리킨다. 그 도덕적 기준은 하나님 자신이다. 그러므로 그의 의로우심은 그의 도덕적 완전성을 의미한다. 그는 도덕적으로 완전하시다.

특히, 하나님께서는 의로우신 재판장이시고, 그의 뜻을 거스르는 모든 악인들에 대해 진노하시며 벌하신다. 이것을 하나님의 '형벌적 공의'라고 말한다. 성경은 하나님의 진노와 형벌적 공의에 대해 분명히 가르친다. 로마서 2:5, "진노의 날 곧 하나님의 의로우신 판단이 나타나는 그 날에." 나훔 1:2, "여호와는 투기하시며 보복하시는 하나님이시니라." 이단적 자유주의 신학은 하나님의 이 속성을 부인한다.

하나님께서는 또한 지극히 선하시다. 하나님의 선하심은 그의 은혜, 긍휼, 인자(仁慈), 사랑 등으로도 표현된다. 출애굽기 34:6, "자비롭고 은혜롭고 노하기를 더디하고 인자와 진실이 많은 하나님이로라." 요한일서 4:9, "하나님의 사랑이 우리에게 이렇게 나타나신 바 되었으니 하나님이 자기 독생자를 보내심은 저로 말미암아 우리를 살리려 하심이니라." 하나님의 은혜와 사랑의 절정은 그의 독생자이신 예수 그리스도를 죄인들의 대속제물로 십자가에 내어주신 일이다.

하나님께서는 또한 지극히 진실하시다. 시편 86:15, "주는 . . . 인자와 진실이 풍성하신 하나님이시오니." 진실은 이름과 실질, 속과 겉, 말과 행위가 같은 것을 의미한다. 특히 하나님께서는 약속하신 바를 반드시 지키시는 신실하신 하나님이시다.

7. 하나님의 삼위일체

삼위일체(三位一體, trinity)란, 하나님께서 그 본체에 있어서는 한 분이시지만, 아버지와 아들과 성령의 세 구별된 인격으로 존재하신다는 진리다. 이 진리는 매우 신비하지만 기독교 진리의 핵심이 된다. 하나님의 삼위일체를 믿지 않는 자는 하나님에 대한 바른 지식과 믿음을 갖지 못한 자이다. 그는 신앙 사상에 큰 결함을 가지게 된다. 그는 예수 그리스도의 신적 영광을 알지 못하며 자신 안에 거하시는 성령에 대해서도 바르게 알지 못하는 자이다.

하나님의 유일성

우리는 여러 신(多神)이나 세 신(三神)을 믿지 않고, 오직 유일하신 한 하나님께서 계심을 믿는다. 웨스트민스터 소요리문답 [제5문] 한 분 이상의 하나님들이 계신가? [답] 오직 한 분 유일하신, 살아계시고 참되신 하나님께서 계시다. 성경은 하나님의 유일하심을 증거한다. 출애굽기 20:3, "나 외에 다른 신을 네게 두지 말라." 이사야 44:24, "나는 만물을 지은 여호와라. 나와 함께한 자 없이 홀로 하늘을 폈으며 땅을 베풀었고." 디모데전서 2:5, "하나님은 한 분이시요."

성자와 성령의 참된 신성(神性)

하나님의 아들 예수 그리스도께서는 참 하나님이시며 성령께서도 참 하나님이시다. 웨스트민스터 소요리문답 [제6문] 하나님께는 몇 인격들이 계신가? [답] 하나님께는 세 인격, 즉 아버지와 아들과 성령께서 계시는데, 이 셋은 본체에 있어서 동일하시며, 능력과 영광에 있어서 동등하신, 한 하나님이시다. 성자와 성령의 신성(神性)이 분명한 성경 진리이기 때문에 그것을 부정하는 것은 이단이다.

예수 그리스도께서 참 하나님이심

하나님의 아들 예수께서는 참 하나님이시다. 예수께서 참 하나님이시라는 사실은 그의 신적 명칭, 신적 속성, 신적 사역, 신적 영광을 통해 증거된다. 이사야 9:6, "[그 이름은] 전능하신 하나님이라, 영존하시는 아버지라." 요한복음 1:1, "이 말씀은 곧 하나님이시라." 디도서 2:13, "우리의 크신 하나님 구주 예수 그리스도의 영광이 나타나심을." 요한일서 5:20, "그는 참 하나님이시요." 골로새서 2:9, "그[예수] 안에는 신성(神性)의 모든 충만이 육체로 거하시고." 요한복음 1:3, "만물이 그로 말미암아 지은 바 되었으니, 지은 것이 하나도 그가 없이는 된 것이 없느니라." 요한복음 5:22, "아버지께서 . . . [심판을] 다 아들에게 맡기셨으니." 요한계시록 5:13, "보좌에 앉으신 이와 어린양에게 찬송과 존귀와 영광과 능력을 세세토록 돌릴지어다."

하나님 아버지만 하나님이시며 예수께서는 하나님이 될 수 없으시고 단순히 하나님의 피조물로서 하나님의 아들로 높임을 받은 것이라는 잘못된 생각이 초대교회 때부터 있어왔다. 오늘날도 그런 주장을 하는 자들이 있다(여호와의 증인, 유니테리안 교회, 자유주의 신학 등). 그러나 아들의 참된 신성을 부정하는 것은 명백히 이단이다.

성령께서 참 하나님이심

성령께서도 참 하나님이시다. 이러한 사실도 그의 신적 명칭, 신적 속성, 신적 사역, 신적 영광을 통해 밝히 증거된다. 성령을 속인 것은 하나님께 거짓말한 것으로 간주되었다(행 5:3-4). 고린도전서 2:10, "성령은 모든 것 곧 하나님의 깊은 것이라도 통달하시느니라." 마태복음 28:19, "아버지와 아들과 성령의 이름으로 세례를 주고."

성령의 신성은 또한 그의 인격성을 내포한다. 따라서 성령께서는 인격적 명칭과 인격적 특성들을 가지신다. 요한복음 15:26, "그가 나를 증거하실 것이요." 중성명사인 성령에게 남성 지시대명사가 사용되었다. 에베소서 4:30, "하나님의 성령을 근심하게 하지 말라."

삼위의 상호 관계

어떤 이들은 삼위[세 인격]의 구별을 부정하면서 한 하나님께서 어떤 때는 아버지로, 어떤 때는 아들로, 어떤 때는 성령으로 나타나시는 것이라고 생각했다. 이것을 양태론이라고 한다. 그러나 이것도 잘못된 생각이다. 성경은 서로 구별되신 삼위께서 존재하심을 밝히 증거한다. 요한복음 14:16, "내가 아버지께 구하겠으니, 그가 또 다른 보혜사를 너희에게 주사." 예수께서 세례받으실 때에도 삼위가 동시에 나타나심으로 이 사실을 증거하셨다(마 3:16-17).

삼위간의 관계에 관해서는, 아들께서는 아버지로부터 영원히 나시며, 성령께서는 아버지와 아들로부터 영원히 나오신다고 말할 수 있다. 요한복음 17:5, "아버지여, 창세 전에 내가 아버지와 함께 가졌던 영화로써." 요한복음 15:26, "아버지께로서 나오시는 진리의 성령이 오실 때에." 갈라디아서 4:6, "너희가 아들인 고로 하나님이 그 아들의 영을 우리 마음 가운데 보내사." '아들의 영'이라는 명칭은 성령께서 아들로부터도 나오심을 보인다.

하나님의 유일성과 아들과 성령의 참된 신성을 인정하면 삼위일체의 신비를 말한 것이 된다. 우리는 그 세 분이 어떻게 하나가 되시는지 알지 못한다. 이것은 신비한 사실이다. 그러나 이것은 매우 중요한 진리이다. 이것은 우리가 하나님을 믿고 섬기는 일에 직접 관계된다. 우주의 창조자요 섭리자이신 하나님께서는 신비한 삼위일체 하나님이시다. 바로 그 하나님께서 우리를 죄와 사망과 지옥 형벌에서 구원하셨다. 우리의 구원은 삼위일체 하나님께서 하신 일이다. 이제 우리는 삼위일체 되신 하나님을 믿고 사랑하며 그를 섬기고 그에게 영광을 돌리며 또 그의 명령에 순종하며 영원토록 그러해야 한다.

8. 하나님의 예정하심

하나님께서는 만세 전에 세상의 모든 일들을 계획하시고 작정하셨으며 특히 구원 얻을 사람들을 선택하시고 예정하셨다. 이것은 참으로 놀라운 사실이며 놀라운 진리이다.

세상의 모든 일들에 대하여

하나님께서는 만세 전에 그의 가장 지혜롭고 거룩한 뜻에 따라 이 세상에 되어질 모든 일을 자유롭게 또 불변적으로 작정하셨다. 시편 115:3, "우리 하나님은 하늘에 계셔서 원하시는 모든 것을 행하셨나이다." 시편 135:6, "여호와께서 무릇 기뻐하시는 일을 천지와 바다와 모든 깊은 데서 다 행하셨도다." 이사야 46:9-11, "내가 종말을 처음부터 고하며 . . . 나의 모든 기뻐하는 것을 이루리라 . . . 경영[계획]하였은즉 정녕 행하리라." 다니엘 5:23, "왕[바벨론의 벨사살 왕]의 호흡을 주장하시고 왕의 모든 길을 작정하시는 하나님께는 영광을 돌리지 아니한지라." 로마서 11:36, "만물이 주에게서 나오고 주로 말미암고 주에게로 돌아감이라."

그러나 하나님의 작정은 제2 원인의 자유나 우연을 부정하지 않고 오히려 인정한다. 그러므로 예정론은 숙명론과 다르다. 사람에게는 자원함이 있다. 빌립보서 2:13, "너희 안에서 행하시는 이는 하나님이시니 자기의 기쁘신 뜻을 위하여 너희로 소원을 두고 행하게 하시나니." 우연한 일도 있다. 열왕기상 22:34, "한 사람이 우연히 활을 당기어 이스라엘 왕[아합]의 갑옷 솔기를 쏜지라." 그러나 이 우연한 일은 선지자 엘리야를 통해 하신 하나님의 예언을 성취하였다. 잠언 16:33, "사람이 제비는 뽑으나 일을 작정하기는 여호와께 있느니라."

또 하나님의 작정의 진리는 사람의 도덕적 책임을 무시하지 않는다. 모든 사람은 회개하고 하나님과 구주 예수님을 믿어야 하며 하나님의 말씀을 따라 의롭고 선하게 살아야 한다. 사람은 도덕적 책임을 회피해서는 안 된다. 그러므로 우리는 하나님의 작정을 믿는 동시에 사람의 도덕적 책임을 다하는 성실한 인격자가 되어야 한다.

특히, 작정과 죄와의 관계에 있어서, 하나님께서는 사람의 타락과 죄까지도 작정하셨으나, 죄를 만드신 자는 아니시다. 사람은 자신의 죄의 책임을 하나님께 돌릴 수 없다. 왜냐하면 하나님께서는 지극히 거룩하시고 그에게는 불의나 거짓이 없으시기 때문이다. 사무엘상 2:25, "이는 여호와께서 그들[엘리의 아들들]을 죽이기로 뜻하셨음이었더라." 누가복음 22:22, "인자는 이미 작정된 대로 가거니와 그를 파는 그 사람[가룟 유다]에게는 화가 있으리로다." 이와 같이, 성경은 하나님의 작정과 사람의 도덕적 책임을 동시에 증거한다.

사람의 구원에 대하여

사람의 구원에 관한 하나님의 예정(predestination)은 이중적이다. 그것은 선택하심과 버려두심(유기, 遺棄)을 포함한다.

하나님께서는 만세 전에 자신의 전적 긍휼과 은혜로 인류 가운데 어떤 이들을 죄에서 구원하여 영생에 이르도록 무조건적으로 선택하셨다. 사실, 선택이라는 말 자체가 하나님의 무조건적 선택을 의미한다. 하나님의 선택이 사람의 회개나 믿음에 근거한 것이라면, 그것은 참된 의미에서 하나님의 선택이 아니고 사람의 선택이 될 것이다.

주께서는 "내게 주신 자"(요 6:37, 39, 44) 또는 "내 양"이라는 표현을 하셨다(요 10:26-27). 사도행전 13:48은 "영생을 주시기로 작정된 자는 다 믿더라"고 말했다. 사도 바울은 주권적 긍휼과 예정을 증거하였다. 로마서 9:16, 18, "그런즉 원하는 자로 말미암음도 아니요 달음박질하는 자로 말미암음도 아니요 오직 긍휼히 여기시는 하나님으로 말미암음이니라," "그런즉 하나님께서 하고자 하시는 자를 긍휼히 여기시고 하고자 하시는 자를 강팍케 하시느니라." 에베소서 1:4-6, "창세 전에 그리스도 안에서 우리를 택하사 . . . 그 기쁘신 뜻대로 우리를 예정하사." 에베소서 1:11, "모든 일을 그 마음의 원대로 역사하시는 자의 뜻을 따라 우리가 예정을 입어 그 안에서 기업이 되었으니." 디모데후서 1:9, "하나님이 우리를 구원하사 거룩하신 부르심으로 부르심은 우리의 행위대로 하심이 아니요 오직 자기 뜻과 영원한 때 전부터 그리스도 예수 안에서 우리에게 주신 은혜대로 하심이라."

하나님께서는 인류의 나머지 사람들을 그들의 죄와 멸망 가운데 버려두셨다. 어떤 이들을 선택하셨다는 것은 다른 이들을 버려두셨다는 것을 포함한다. 그러나 버려진 사람들은 자신의 죄로 인해 멸망을 당하는 것이므로 결코 하나님께 불평을 할 수 없다. 로마서 9:18, "하나님께서 하고자 하시는 자를 긍휼히 여기시고 하고자 하시는 자를 강팍케 하시느니라." 로마서 9:22, "멸하기로 준비된 진노의 그릇." 사무엘상 2:25, "이는 여호와께서 그들[엘리의 아들들]을 죽이기로 뜻하셨음이었더라." 누가복음 22:22, "인자는 이미 작정된 대로 가거니와 그를 파는 그 사람[가룟 유다]에게는 화가 있으리로다." 베드로전서 2:8, "저희가 말씀을 순종치 아니하므로 넘어지나니 이는 저희를 이렇게 정하신 것이라." 유다서 4, "이는 가만히 들어온 사람 몇이 있음이라. 저희는 옛적부터 이 판결을 받기로 미리 기록된 자니."

이와 같이, 우리의 구원은 우리에게서 나온 것이 아니고 전적으로 하나님의 은혜와 무조건적 선택에서 나온 것이다. 하나님께서 어떤 이를 선택하셨다는 증거는 그가 진실히 죄를 회개하고 주 예수 그리스도를 믿는 것이다. 회개와 믿음이 선택의 증거이다. 우리의 구원이 확실하고 안전한 까닭은, 그것이 우리의 변덕스런 결심에 근거하지 않고 하나님의 영원 불변적 예정과 선택에 근거하기 때문이다.

9. 창조와 섭리

건축물에 비유한다면, 예정은 설계, 창조는 건축, 섭리는 관리이며, 출산에 비유한다면, 예정은 계획, 창조는 출산, 섭리는 양육이다.

창조

창조는 온 우주와 인류 역사의 시작이다. 성경은 "태초에 하나님이 천지를 창조하시니라"는 말씀으로 시작된다(창 1:1). 하나님께서 이 세상을 창조하셨다는 것은 세상에서 가장 기본적 사실이며 성도에게 가장 기본적 신앙이다. 우주와 생명체가 우연히 시작되었으며 생명체가 낮고 단순한 것들로부터 높고 복잡한 것들로 점차 발전되었다고 생각하는 소위 진화론은 세상에서 가장 기본적인 사실을 부정하는 사상으로서 교회에서 단호히 배격되어야 한다.

'태초에' 하나님께서 세상을 창조하셨다(창 1:1). 창세기 1장에 기록된 창조의 6일을 문자적 24시간의 하루로 보는 문자적 연대 계산에 의하면, 천지만물이 창조된 '태초'는 주전 약 4115년이다(창 5, 11장; 출 12:40; 왕상 6:1 등을 참조). 창조의 6일을 문자적 24시간의 하루로 보는 것이 가장 자연스러운데, 그 이유는, "저녁이 되며 아침이 되니"라는 여섯 번이나 나오는 표현이 일상적인 하루에 가장 적합하며 또 일곱째 날의 복된 성별(창 2:2-3)과 안식일 계명(출 20:11)이 이 견해에 가장 적절하기 때문이다.

진화론은 우주와 인류의 오랜 연대를 주장한다. 그러나 그 주장은 단지 불확실한 가설들에 근거할 뿐이다. 예를 들어, 방사성 탄소 14(C-14)에 의한 연대 측정도, 모든 생물체가 수천 년 전에도 오늘날과 똑같은 양의 방사성을 가지고 있었고 그 방사성 양의 줄어드는 속도('반감기'라고 함)도 어느 시대나 똑같다는 가설들에 근거한다. 그러나 누가 지금부터 몇 천 년 전의 세계에 가서 생물체의 방사성 양을 측정하였거나 혹은 측정할 수 있겠는가?

우주와 인류의 오랜 연대에 대한 견해에 반대하여, 우주와 인류의 짧은 연대에 대한 과학적 증거들도 많이 제시되고 있다. 과학적 연구 자료들에 의하면, 예들 들어, 지구의 회전속도의 줄어듦, 지구에 떨어지는 우주진(먼지)의 양, 대기 중의 산소량, 지표 흙의 두께 등은 지구가 약 만년 미만의 나이를 가지고 있음을 증거한다고 한다.

하나님께서는 천지와 만물(萬物)(창 2:1), 세계와 그 가운데 있는 모든 것(행 17:24), 보이는 것 즉 물질계와, 보이지 않는 것 즉 영계(靈界) 곧 천사의 세계를 다 창조하셨다(골 1:16).

하나님께서 세상을 창조하신 목적은 자신의 영광을 나타내기 위해서라고 말하는 것이 가장 합당하다. 이사야 43:7, 21, "내 영광을 위하여 창조한 자 . . . 이 백성은 내가 나를 위하여 지었나니 나의 찬송을 부르게 하려 함이니라." 로마서 11:36, "이는 만물이 주에게서 나오고 주로 말미암고 주에게로 돌아감이라. 영광이 그에게 세세에 있으리로다. 아멘." 하나님께서는 창조를 통해 자신의 영광을 나타내셨다.

섭리

섭리란, 하나님께서 자신이 창조하신 만물을 보존하고 통치하시는 것을 말한다. 느헤미야 9:6, "오직 주는 여호와시라. 하늘과 하늘들의 하늘과 일월 성신과 땅과 땅 위의 만물과 바다와 그 가운데 모든 것을 지으시고 다 보존하시오니 모든 천군이 주께 경배하나이다." 히브리서 1:3, "그의 능력의 말씀으로 만물을 붙드시며." 시편 93:1, "여호와께서 통치하시니 스스로 권위를 입으셨도다." 시편 103:19, "여호와께서 그 보좌를 하늘에 세우시고 그 정권으로 만유를 통치하시도다." 주 예수께서는 참새 한 마리도 하나님의 허락이 없이는 땅에 떨어지지 않는다고 말씀하셨다(마 10:29).

하나님께서는 섭리하실 때 주로 자연법칙을 사용하신다. 이것을 일반섭리라고 부른다. 잠언 10:4, "손을 게으르게 놀리는 자는 가난하게 되고 손이 부지런한 자는 부하게 되느니라." 사도행전 27:31, "바울이 백부장과 군사들에게 이르되 이 사람들[뱃사공들]이 배에 있지 아니하면 너희가 구원을 얻지 못하리라." 음식을 먹어야 배가 부른 법이다. 학생은 열심히 공부하지 않으면 성적이 떨어진다.

그러나 하나님께서는 성경이 완성되기 전, 즉 특별계시들을 직접 주시던 시대에 때때로 이차적 수단들 없이, 그것들을 초월하여, 그것들을 거슬러 섭리하셨다. 이것을 특별섭리 혹은 기적이라고 부른다. 성경에는 많은 기적이 기록되어 있다. 예를 들어, 엘리사는 나무가지를 베어 물에 던져 도끼를 떠오르게 하였고(왕하 6:6), 다니엘의 세 친구들은 풀무불에 던지웠으나 머리털도 그슬리지 않고 옷빛도 변하지 않았고 불탄 냄새도 없었다(단 3:27). 예수께서는 물로 포도주를 만드셨고(요 2장) 떡 다섯 개로 오천 명을 먹이셨다(마 14:17-21).

하나님의 섭리는 사람의 구원을 목표로 한다. 이것은 개인적으로도 세계적으로도 그러하다. 인류 역사는 하나님의 섭리의 역사이며 또한 인류 구원의 역사이다. 하나님께서는 만세 전에 택하신 자들을 부르시고 그들을 의롭다 하시고 마침내 그들을 영화롭게 하신다(롬 8:30). 하나님의 구원 계획은 이스라엘 백성들과 이방인들의 구원을 포함하는 세계적 계획이다. 신약시대는 이방인들의 구원의 시대이었지만, 그 말기에 유대인들의 민족적 회심이 예상된다(롬 11:25-26).

하나님의 섭리는 궁극적으로 자신의 영광을 나타내신다. 창조된 만물과 섭리의 전 과정은 마침내 하나님의 영광을 드러낼 것이다. 로마서 11:36, "만물이 주에게서 나오고 주로 말미암고 주에게로 돌아감이라. 영광이 그에게 세세에 있으리로다. 아멘."

10. 성령의 초자연적 은사들

오순절에 강림하신 성령의 주된 사역은 하나님께서 택하신 자들을 불러 거듭나게 하시고 날마다 더욱 거룩하여지게 하시는 구원 사역이다. 또한 부수적으로, 성령께서는 구원받은 자들에게 여러 은사들을 주셔서 하나님과 이웃 사람들을 섬기게 하셨다. 성령의 은사들 중에는 자연적 은사들도 있지만(롬 12:6-8) 초자연적 은사들도 있었다(고전 12:4-11). 하나님께서 사도시대에 주셨던 초자연적 은사들 중에는 예언, 방언, 병 고침 등의 은사들이 있었다. 사도시대에 주셨던 성령의 초자연적 은사들은 오늘날도 교회 안에 있는가? 오순절파는 그렇다고 주장한다. 그러나 과연 그러한가?

성령의 초자연적 은사들을 주셨던 목적

우선, 사도시대에 주신 성령의 초자연적 은사들의 목적이 무엇인가? 성령의 초자연적 은사들의 목적은 하나님의 특별계시들을 전달하고 그것들을 확증하기 위함이었다. 이것은 성경에 확실하게 증거된 바이다. 마가복음 16:20, "제자들이 나가 두루 전파할새 주께서 함께 역사하사 그 따르는 표적으로 말씀을 확실히 증거하시니라." 히브리서 2:3-4, "하나님도 표적들과 기사들과 여러 가지 능력과 및 자기 뜻을 따라 성령의 나눠주신 것[곧 성령의 은사들]으로써 저희와 함께 증거하셨느니라." 고린도후서 12:12, "사도의 표된 것은 내가 너희 가운데서 모든 참음과[모든 참음으로] 표적과 기사와 능력을 행한 것이라." 사도행전 2:43과 5:12는 사도시대에 특히 사도들을 통해 기적들이 많이 나타났다고 증거한다. 이것은 사도들이 하나님의 특별계시들의 전달자이었기 때문이다. 그러므로 기적들을 행함이나 성령의 초자연적 은사들은 주께서 사도들에게 주신 권위의 표이었다.

10. 성령의 초자연적 은사들

초자연적 은사들은 사도시대와 함께 거두어졌음

그런데 성령의 초자연적 은사들은 사도시대가 끝났을 때 거두어졌다. 성령의 초자연적 은사들이 사도시대와 함께 거두어졌다는 것은 교회의 전통적 견해이다. 그것은 교회가 경험한 바이었다.

주후 4세기의 유명한 교부(敎父)이었던 크리소스톰은 "방언은 이미 그쳤고 더 이상 일어나지 않는다"고 말했다. 주후 5세기 초의 경건한 지도자 어거스틴은 그의 요한일서 설교에서 "방언은 유대 기독교인에게 주신 초기 표적이었고 이전 시대에 이미 사라졌다"고 말했다. 이 문제에 관해 초대교회의 역사를 자세히 연구했던 워필드는, "성령의 초자연적 은사들은 사도들의 교회의 특징이었고 오직 사도시대에 속했다. . . . 종교개혁 이후의 신학자들은 은사들이 사도시대와 함께 중지되었음을 매우 명백하게 가르쳤다"고 말했다.

성령의 초자연적 은사들이 사도시대와 함께 사라진 이유는 성령의 초자연적 은사들의 독특한 목적과 일시적, 초보적 성격 때문이었다고 이해된다. 하나님의 특별계시들의 전달과 확증이라는 성령의 초자연적 은사들의 목적은 신약성경의 기록으로 완전히 이루어졌다. 신약성경이 충족히 기록되었으므로 더 이상 그것들이 필요치 않았다.

그러므로 사도 요한은 신약성경의 맨 마지막 책을 쓰면서 "내가 이 책의 예언의 말씀을 듣는 각인에게 증거하노니 만일 누구든지 이것들 외에 더하면 하나님이 이 책에 기록된 재앙들을 그에게 더하실 터이요"라고 말할 수 있었다(계 22:18).

또 사도 바울은 고린도전서 13:8-11에서 예언이나 방언이 어느 날 폐지되리라는 것과 그것들이 부분적인 것들에 관계되며 어린아이 때의 것들이요 거울로 보듯이 희미한 것들이라고 증거하였다. 즉 사도는 성령의 초자연적 은사들이 일시적이고 초보적인 성격을 가진 것들임을 증거한 것이다.

10. 성령의 초자연적 은사들

오늘날의 은사운동에 대한 평가

오늘날의 은사운동은 성령의 초자연적 은사들의 계속 혹은 회복을 주장한다. 하나님께서 성령의 초자연적 은사들을 다시 주기 시작하셨다면 감사하다. 아무도 하나님의 주권(主權)을 부정할 수는 없다. 그러나 성경이 신약 27권의 기록으로 완성되었는데, 하나님께서 다시 옛날 방식으로 말씀하실 것인가? 성경은 하나님의 충족한 말씀이며, 성도는 성경대로 믿고 성경대로 사는 것으로 충분하지 않는가?

또 하나님께서 오늘날도 사도시대의 것들과 같은 은사들을 주신다는 증거가 과연 있는가? 오늘날 방언들은 성경의 모범대로 외국어의 특징을 가지지 않는 것 같다. 또 오늘날 병 고침들도 성경의 모범대로 각종 질병들을 완전히 치료하는 것 같지 않다. 특별한 경우 기도의 응답으로 병이 낫는 것과 병 고침의 은사는 다르다고 본다.

더욱이, 오늘날의 은사운동은 이단적 자유주의 신학을 배격하지 않고 또 천주교회도 포용하는 잘못된 교회연합운동에 관계되어 있다. 영적 분별력이 없는 이런 운동이 과연 성령의 일이겠는가?

가장 중요한 점은 강조점의 전환이다. 성경적 기독교는 초자연적, 기적적 은사를 강조하지 않고 하나님의 뜻에 대한 바른 지식과 거룩하고 선하고 겸손하고 진실한 인격과 삶을 강조한다. 그것이 진정한 기독교다. 더욱이, 성경은 말세에 거짓 기적들을 행하는 자들이 있을 것을 예언하였고(마 24:24; 살후 2:9-12), 주께서는, 기적을 행할지라도 불법을 행하는 자들을 마지막 날 버리시겠다고 분명하게 말씀하셨다(마 7:22-23). 또 사도 바울은 사랑이 없는 방언과 예언과 능력은 아무 의미가 없고 가치가 없다고 증거하였다(고전 13:1-7).

우리는 말씀과 기도, 회개와 순종 가운데 성령의 충만함을 받은 삶을 살아야 하지만 은사운동이 그 해답은 아니다. 은사운동은 교회의 영적 부흥의 표가 아니고 성도들이 조심하고 경계해야 할 운동이다.

11. 사람의 본래 상태

사람은 어떤 존재인가? 성경은 사람이 범죄하기 전, 본래 상태에 대해 몇 가지 사실을 증거한다.

몸과 영혼으로 구성됨

첫째로, 사람은 몸과 영혼으로 구성되었다. 이것을 이분설(二分說)이라고 한다. 이분설에 대한 성경의 증거는 우선 사람의 창조 사건에 대한 서술이다. 창세기 2:7, "하나님이 흙으로 사람을 지으시고 생기를 그 코에 불어넣으시니 사람이 생령이 된지라." '생령'(生靈)이라는 원어(네페쉬 카이야 נֶפֶשׁ חַיָּה)는 창세기 1:20에는 '생물'로 번역된 말로서 '산 존재,' '생명체'라는 뜻이다.

영과 영혼을 구별하여 사람이 몸과 영과 영혼으로 구성되었다고 주장하는 자들이 있다. 이것을 사람의 구성 요소에 대한 삼분설(三分說)이라고 한다. 그러나 성경에서 영과 영혼이 구별 없이 사용되기 때문에, 영과 영혼은 다른 것이 아니라는 것이 분명하다. 다음의 예들은 그것을 증거한다.

첫째, 사람 전체를 묘사할 때 성경은 어떤 때는 몸과 영이라고 하고, 어떤 때는 몸과 영혼이라고 한다. 전도서 12:7, "흙은 땅으로, 영은 그 주신 하나님께로 돌아간다." 마태복음 10:28, "몸은 죽여도 영혼을 죽이지 못하는 자를 두려워 말고." 둘째, 사람의 죽음을 묘사할 때도, 어떤 때는 영이 떠난다고 하고, 어떤 때는 영혼이 떠난다고 한다(눅 23:46; 창 35:18). 셋째, 죽은 자의 부활을 묘사할 때도, 어떤 때는 영이 돌아온다고 하고, 어떤 때는 영혼이 돌아온다고 한다(눅 8:55; 왕상 17:21-22). 넷째, 죽은 자들을 묘사할 때도, 어떤 때는 '영들'이라고 하고, 어떤 때는 '영혼들'이라고 한다. 히브리서 12:23, "의인의 영들."

요한계시록 6:9, "순교자들의 영혼들."

또 삼분설은 흔히 영은 고등한 것으로 여기고 혼은 저급한 것으로 여기지만 이런 생각도 성경에 맞지 않는다. 성경은 동물의 영에 대해 말하며(전 3:21), 또 하나님의 영혼에 대해서도 말한다(암 6:8). 성경은 또 사람의 종교적 활동을 영혼에게도 돌린다(눅 1:46).

삼분설의 근거로 제시되는 성경 구절들이 있으나 그것들은 강조를 위해 영과 혼을 반복한 경우들이다. 데살로니가전서 5:23, "너희 온 영과 혼[영혼]과 몸이." 히브리서 4:12, "혼과 영과 및 관절과 골수를."

사람의 두 구성 요소는 사람이 단순히 육신적 존재가 아니고 영혼을 가진 존재라는 것을 잘 증거한다. 그러므로 사람은 하나님을 섬기고 하나님의 말씀에 순종하며 살아야 한다. 마태복음 4:4, "기록되었으되, 사람이 떡으로만 살 것이 아니요 하나님의 입으로 나오는 모든 말씀으로 살 것이라 하였느니라."

하나님의 형상으로 창조됨

둘째로, 사람은 하나님의 형상으로 창조되었다. 창세기 1:26-27, "하나님이 자기 형상 곧 하나님의 형상대로 사람을 창조하시되." 하나님께서는 영이시므로, 사람이 하나님의 형상으로 창조되었다는 것은 사람의 영적 특성들을 가리킨다.

신약성경은 사람의 특성인 하나님의 형상이 지식과 의로움과 거룩함을 가리킨다고 증거한다. 골로새서 3:10, "새 사람을 입었으니 이는 자기를 창조하신 자의 형상을 좇아 지식에까지 새롭게 하심을 받는 자니라." 에베소서 4:24, "하나님을 따라 의(義)와 진리의 거룩함[참된 거룩함]으로 지으심을 받은 새 사람을 입으라." 이러한 의와 거룩을 '본래의 의'라고 부른다. 사람은 창조 때 받았던 본래의 의를 범죄함으로 잃어버렸으나 주 예수 그리스도를 믿어 의롭다 하심을 얻음으로 회복하게 되었다.

사람은 범죄한 후에도 하나님의 형상으로 간주된다(창 9:6; 고전 11:7). 그러므로 하나님의 형상에는 사람의 그 외의 독특성도 포함된다고 본다. 예를 들어, 사람의 지식과 감정과 의지의 인격성, 양심의 도덕 의식, 영혼의 표현기관으로서 눈, 귀, 입, 머리, 손, 발, 얼굴, 팔 등 몸의 기관들, 및 생물통치권 등이다. 특히 창세기 1:26, 28은 사람의 생물통치권을 하나님의 형상과 연관시키는 것 같다. 우리는 하나님의 형상이 이 모든 요소를 포함한다고 본다.

하나님의 명령을 받음

셋째로, 첫 사람 아담은 하나님의 한 명령을 받았다. 그것은 "동산 각종 나무의 열매는 네가 임의로 먹되 선악을 알게 하는 나무의 열매는 먹지 말라. 네가 먹는 날에는 정녕 죽으리라"는 명령이었다(창 2:16-17). 이 명령에서 하나님께서는 아담과 그 후손에게 순종에 근거하여 생명을 약속하셨다. 이것을 '행위 언약'이라 부른다. 이와 같이, 사람은 창조주 하나님께 순종해야 할 위치에 있었다. 이 첫 명령과 언약에서 아담은 온 인류의 대표자이었으므로 그의 순종은 인류의 순종으로, 그의 불순종은 인류의 불순종으로 간주될 것이다(롬 5:12, 18-19). 이 순종 관계는 영속적이다. 하나님께서 이스라엘 백성에게 요구하시는 것은 여호와 하나님을 경외하고 그를 사랑하며 마음을 다하여 그를 섬기며 그의 모든 명령을 지키는 것이었다(신 10:12-13).

사람의 본래 상태는 확실히 매우 복되었고 영광스러웠다. 그러나 사람은 하나님의 명령을 어김으로써 그 행복과 영광의 상태로부터 죄와 비참의 상태로 떨어졌다. 사람은 참 지식과 의와 거룩을 잃어버렸고, 영적인 것 대신 육체적인 것을 추구하는 존재로 타락했다. 이제 하나님의 구원은 사람이 잃어버린 그 영광을 회복하는 것이다.

12. 죄

사람은 본래 상태에 오래 머물지 못했고 범죄함으로 타락하였다.
그러면 죄에 대한 성경 진리는 무엇인가?

죄가 무엇인가?

우선, 죄가 무엇인가? 죄는 하나님의 법을 어긴 것이다. 요한일서
3:4, "죄는 불법이라." 죄와 죄 아닌 것을 판단할 표준은 하나님의 법
이다. 그러므로 모든 죄는 하나님께 대한 잘못이다. 비록 인간 관계의
죄라 할지라도 그러하다. 죄는 하나님의 인격과 속성과 권위와 영광
에 대한 모독이요 손상이요 침해이다. 창세기 39:9, "내가 어찌 이 큰
악을 행하여 하나님께 득죄하리이까?" 시편 51:4, "내가 주께만 범죄
하여 주의 목전에 악을 행하였사오니."

죄는 근본적으로 사람이 하나님을 믿지 않고 교만한 데서 나온다.
즉 죄의 원인은 불신앙과 교만이었다. 창세기 3:4-5, "뱀이 여자에게
이르되 너희가 결코 죽지 아니하리라. 너희가 그것을 먹는 날에는 너
희 눈이 밝아 하나님과 같이 되어 선악을 알 줄을 하나님이 아심이니
라." 하나님의 말씀에 대한 불신앙과 교만에서 불순종이 나왔다.

죄는 죄책(罪責, guilt)과 죄성(罪性, 부패성)으로 구성된다. 죄책이
란 죄인이 하나님의 의를 만족시키거나 그렇지 못하면 형벌을 받아
야 할 법적 책임을 가리킨다. 죄성이란 죄악으로 향하는 실제적 성질,
즉 죄악된 경향성을 가리킨다. 죄는 이 두 요소를 가지고 있다.

또한 죄는 죄악된 행위 뿐만 아니라 죄악된 마음 상태도 포함한다.
출애굽기 20:17, "네 이웃의 집을 탐내지 말지니라." 마태복음 5:28,
"여자를 보고 음욕을 품는 자마다 마음에 이미 간음하였느니라." 요
한일서 3:15, "그 형제를 미워하는 자마다 살인하는 자니."

아담의 첫 범죄는 온 인류의 범죄이었음(원죄)

아담이 하나님께 받은 처음 명령(창 2:16-17)을 어긴 범죄는 아담 혼자만의 죄가 아니고 온 인류의 범죄이었다. 왜냐하면 아담은 인류의 대표자로서 하나님 앞에서 언약 관계에 있었기 때문이다. 아담의 범죄로 그 죄의 법적 책임(죄책, 罪責)과 죄악된 성질(죄성, 罪性)이 그의 후손들에게 전달되었다. 이것을 원죄(原罪)라고 부른다. 모든 사람은 태어날 때부터 죄책과 죄성을 가진 죄인이다.

죄책(罪責)의 전가(轉嫁)

아담의 첫 범죄의 죄책은 온 인류에게 전가(轉嫁)되었다. 한 사람의 범죄로 온 인류가 죄인이 되었고 죄의 형벌 아래 놓이게 되었다. 바울은 로마서 5:12-19에서 이 사실을 밝히 증거한다. 아담 한 사람의 범죄로 말미암아, 많은 사람(실상, 모든 사람)이 죽었고(15, 17절) 정죄되었고(16, 18절) 죄인되었다(19절). 또 죄와 정죄와 죽음의 보편성이 이 사실을 확증한다. 로마서 3:11, 23, "의인은 없나니 하나도 없으며," "모든 사람이 죄를 범하였으매." 요한복음 3:5-6, "사람이 물과 성령으로 나지 아니하면 하나님 나라에 들어갈 수 없느니라. 육으로 난 것은 육이요." 죽음은 사람에게 보편적 현상이다. 죄가 없어 보이는 어린 아기도 죽는다. 그것은 원죄의 사실을 증거한다.

죄성(罪性)의 전달

아담의 첫 범죄로 인한 죄성도 그의 후손인 인류에게 전달되었다. 이 원죄의 죄성으로 인해, 모든 사람은 전적으로 죄악되고 하나님 앞에서 참된 의와 선을 행하기에 완전히 무능하다. 이사야 64:6, "우리는 다 부정한 자 같아서 우리의 의는 다 더러운[누더기] 옷 같으며." 예레미야 13:23, "구스인이 그 피부를, 표범이 그 반점을 변할 수 있느뇨? 할 수 있을진대 악에 익숙한 너희도 선을 행할 수 있으리라." 예레미야 17:9, "만물보다 거짓되고 심히 부패한 것은 [사람의] 마음이라." 로마서 8:7, "육신의 생각은 하나님과 원수가 되나니 이는 하나님의 법에 굴복치 아니할 뿐 아니라 할 수도 없음이라."

죄에는 형벌이 따름

죄에는 하나님의 형벌이 따르는데, 그것은 죽음이다. 창세기 2:17, "선악을 알게 하는 나무의 실과는 먹지 말라. 네가 먹는 날에는 정녕 죽으리라." 로마서 6:23, "죄의 삯[보응, 형벌]은 사망이요." 이 죽음은 영적, 육신적, 영원적 의미를 내포한다.

첫째, 사람은 죄로 인해 영적으로 죽었다. 이것은 하나님과 분리되고 하나님의 생명에서 떠나 있음을 가리킨다. 에베소서 2:1, "너희의 허물과 죄로 죽었던 너희를 살리셨도다." 에베소서 4:18, "저희 총명이 어두워지고 저희 가운데 있는 무지함과 저희 마음이 굳어짐으로 말미암아 하나님의 생명에서 떠나 있도다."

둘째, 사람은 육신적으로도 죽는다. 창세기 3:19, "필경은 흙으로 돌아가리니." 창세기 5장에 기록된 아담 자손의 계보에는 '죽었더라'는 말이 반복하여 나오는데, 그것은 창세기 3장에 나오는 죄의 형벌에 대한 하나님의 선언이 이루어졌음을 증거한다.

셋째, 사람은 죄로 인해 장차 영원한 지옥의 형벌을 받을 것이다. 요한계시록 21:8, "[회개치 않은 모든 죄인들은] 불과 유황으로 타는 못에 참여하리니 이것이 둘째 사망이라."

부수적으로, 이 세상에서의 마음의 슬픔과 근심, 몸의 수고와 각종 질병과 고통, 그리고 땅의 저주도 사람의 범죄의 결과로 왔다. 창세기 3:17에 보면, 하나님께서는 아담의 범죄로 땅이 저주를 받을 것이며 사람이 평생토록 땀 흘려 수고할 것이라고 선언하셨다. 또 그는 여자에게 잉태하고 해산하는 고통이 있을 것이라고 선언하셨다(창 3:16).

13. 율법과 복음

하나님께서는 언약이라는 방법으로 인류를 대하시고 구원하셨다. 즉 하나님의 구원 진리는 언약의 형태로 주어졌다. 하나님의 언약에는 어떤 것이 있으며 구약과 신약, 율법과 복음은 무엇인지 알아보자.

하나님의 언약

하나님의 언약은 크게 셋으로 나누어 생각할 수 있다. 우선, 하나님께서 인류의 대표자 아담과 맺으신 언약이 있다(창 2:16-17). 이것을 **행위언약**이라고 부른다. 하나님께서는 이 언약에서 아담의 완전한 순종의 행위를 조건으로 영원한 생명을 약속하시고 불순종에 대해서는 죽음을 경고하셨다. 그러나 아담의 범죄와 타락 이후, 사람을 구원하는 방법으로서의 행위언약은 폐지되었다.

또 하나님께서 인류의 구원을 위해 그의 아들 예수와 맺으신 언약을 생각할 수 있다. 이것을 **구속언약**이라고 부른다. 하나님께서는 이 언약에서 아들 예수님의 속죄사역을 통해 피택자들의 영생을 약속하셨다. 하나님의 구속언약은 하나님의 영원한 구속 계획에 의해 증거되며 하나님의 은혜언약의 기초가 된다. 주 예수께서 세상에 오신 것은 아버지께서 그에게 주신 자들을 구원하려는 아버지의 뜻을 성취하기 위해서이었다(요 6:38-40). 에베소서 1:4, "창세 전에 그리스도 안에서 우리를 택하사." 에베소서 3:11, "영원부터 우리 주 그리스도 예수 안에서 예정하신 뜻대로 하신 것이라."

또 하나님께서 주 예수 그리스도를 믿는 자들과 맺으신 언약이 있다. 이것을 **은혜언약**이라고 부른다. 하나님께서는 이 언약에서 예수 그리스도를 믿는 자들에게 영생을 약속하셨다. 이 은혜언약은 구약시대와 신약시대에 서로 다른 형태로 나타났다. 구약시대에는 모세를 통해 율법의 형태로 주어졌으나, 신약시대에는 예수 그리스도를 통해 복음의 형태로 주어졌다.

율법

첫째로, 하나님의 은혜언약은 구약시대에 율법의 형태로 주어졌다. 율법에는 세 가지 내용이 있었다. 첫째는 도덕법이다. 도덕법은 십계명에 들어 있는데, 요약하면 하나님을 사랑하고 이웃을 사랑하라는 것이었다(출 20:1-17; 마 22:37-40). 도덕법은 사람에게 완전한 순종을 요구한다. 그것은 외형적으로는 행위언약처럼 보인다. 갈라디아서 3:10, "무릇 율법 행위에 속한 자들은 저주 아래 있나니 기록된 바 누구든지 율법책에 기록된 대로 온갖 일을 항상 행하지 아니하는 자는 저주 아래 있는 자라 하였음이라." 야고보서 2:10, "누구든지 온 율법을 지키다가 그 하나에 거치면 모두 범한 자가 되나니."

그러나 도덕법의 목적은 삼중적이었다. ① 물론, 도덕법은 하나님의 뜻을 알려주는 목적이 있다. 율법은 거룩하고 의롭고 선하고 영적이다(롬 7:12, 14). 이 점에 있어서 도덕법은 영속적이며 신약 아래 있는 신자들에게도 적용된다. 디모데전서 1:8, "사람이 율법을 법 있게 쓰면 율법은 선한 것인 줄 우리는 아노라." ② 그러나, 도덕법은 특히 사람의 죄악됨을 깨닫게 한다. 로마서 3:20, "율법으로는 죄를 깨달음이니라." ③ 도덕법은 사람을 예수 그리스도께로 인도한다. 갈라디아서 3:24, "율법이 우리를 그리스도께로 인도하는 몽학선생이 되어."

둘째는 의식법(儀式法)이다. 그것은 성막 예배, 제사, 절기, 정결 부정결의 음식 등의 법이다. 의식법은 일차적으로 주 예수 그리스도와 그의 속죄사역을 예표하였다(골 2:16-17; 롬 3:21). 의식법은 구약이 행위언약이 아니고 은혜언약임을 잘 증거한다. 그러나 의식법은 예수 그리스도의 구속사역이 완성된 신약 아래서는 폐지되었다. 그러나 그 법에 내포된 도덕적 교훈은 오늘날에도 유효하다고 본다.

셋째는 재판법이다. 재판법은 하나님께서 직접 다스리는 신정(神政)국가인 이스라엘의 사회법, 즉 민법, 상법, 형법 등의 법이다. 이것은 성격상 오늘날 세속국가나 교회에 직접 적용되지 않는다.

복음

둘째로, 하나님의 은혜언약은 신약시대에 복음의 형태로 주어졌다. 구약시대의 의식법에서 예표되었던 예수 그리스도의 속죄사역은 그의 죽음과 부활로 성취되었다. 예수 그리스도의 속죄의 진리가 신약의 복음이다. 고린도전서 1:23, "우리는 십자가에 못박힌 그리스도를 전하니." 고린도전서 15:3, "내가 받은 것을 먼저 너희에게 전하였노니 이는 성경대로 그리스도께서 우리 죄를 위하여 죽으시고." 히브리서 9:12, "염소와 송아지의 피로 아니하고 자기 피로 영원한 속죄를 이루사 단번에 성소에 들어가셨느니라."

구약의 율법과 비교할 때, 신약의 복음에는 하나님의 은혜가 강조된다. 요한복음 1:17, "율법은 모세로 말미암아 주신 것이요, 은혜와 진리는 예수 그리스도로 말미암아 온 것이라." 로마서 3:21-22, "이제는 율법 외에 하나님의 한 의가 나타났으니 . . . 곧 예수 그리스도를 믿음으로 말미암아 모든 믿는 자에게 미치는 하나님의 의니." 물론 구약의 율법에도 하나님의 은혜가 증거되어 있었고 복음 안에도 여전히 율법 즉 행위 규범에 대한 강조가 있다.

또 구약의 율법과 비교할 때, 신약의 복음은 내면적이며 영적이며 세계적이다. 고린도후서 3:6, "의문(儀文, 글자, 율법조문)으로 하지 아니하고 오직 영으로 함이니." 히브리서 8:10, "내 법을 저희 생각에 두고 저희 마음에 이것을 기록하리라." 마태복음 28:19, "모든 족속으로 제자를 삼으라."

14. 예수 그리스도

성경은 구원의 소식을 전해주는 책이다. 우리 주 예수 그리스도께서는 인류를 구원하기 위해 오신 구주이시다. 하나님께서는 죄악으로 인해 지옥 형벌을 받을 수밖에 없는 불쌍한 죄인들을 위해 그의 독생자를 구주로 세상에 보내어 주셨다. 그러면 예수 그리스도께서는 어떠한 분이신가? 성경은 예수 그리스도에 관해 무어라고 증거하는가?

참 사람과 참 하나님

우선, 예수 그리스도께서는 참 사람이시며 참 하나님이신 독특한 인격이시다. 예수 그리스도께서는 분명히 사람으로 출생하셨다. 그는 아기로 태어나셔서 유아 시절과 소년 시절을 거치며 자라셨고, 30세쯤 되어 전도 활동을 시작하셨다. 그는 자신을 '사람의 아들'(인자 人子)이라고 즐겨 부르셨다. 그것은 그가 사람이심을 잘 증거한다. 그는 우리와 똑같이 주무셨고 배고프셨고 목마르셨다. 그는 사람의 몸과 영혼, 즉 완전한 인성(人性)을 가지셨다. 그는 참으로 사람이시다. 디모데전서 2:5, "하나님은 한 분이시요 또 하나님과 사람 사이에 중보도 한 분이시니 곧 사람이신 그리스도 예수시니라." 그는 사람이시기 때문에 그의 제자들을 '그의 형제' 혹은 '그의 친구'라고 부르셨다.

그러나 그는 또한 사람 이상의 존재이셨다. 그는 사람으로서 가질 수 없는 속성과 능력을 가지셨고 사람으로서 할 수 없는 일들을 행하셨다. 그는 사람의 마음을 꿰뚫어 보셨고 하나님만 하실 수 있는 많은 기적들을 행하셨다. 그는 물로 포도주를 만드셨고 떡 다섯 개로 5천 명을 먹이셨다. 그는 각종 불치의 병자들을 고쳐주셨다. 그는 나병환자와 중풍병자를 고쳐주셨고, 소경과 앉은뱅이를 고쳐주셨다. 그는 12년된 혈루병 환자와 38년된 병자를 고쳐주셨고 또 심지어 죽은 자들도 살려주셨다. 이것들은 다 그가 사람 이상의 존재, 곧 하나님이심을 증거한다. 성경은 예수께서 태초부터 계신 하나님이시며(요 1:1) '참 하나님'이시며(요일 5:20) '크신 하나님'이시며(딛 2:13) 그 안에 신성(神性)의 충만함이 있으시며(골 2:9) 모든 피조물의 경배와 찬양의 대상이 되심을 증거한다(계 5:12-13). 그는 하나님이시기 때문에 경배와 찬양과 기도를 받으셨고 또 받으실 수 있다.

낮아지심과 높아지심

참 하나님과 참 사람, 즉 신인(神人, God-man)이신 독특하신 인격 예수 그리스도께서는 본래 영원하신 하나님의 아들이셨다. 그러나 그는 '창세 전에 아버지와 함께 가졌던 영화'(요 17:5)를 스스로 포기하고 처녀 마리아의 몸을 통하여 사람으로 출생하셨다. 그것은 하나님께서 사람의 본질을 취하신 것, 곧 성육신(成肉身)이었다. "말씀이 육신이 되어 우리 가운데 거하시매"(요 1:14). 그의 성육신은 신비 중의 신비이다. 그것은 하나님께서 자신을 심히 낮추신 사건이다.

사람으로 오신 그는 할례를 받으셨고 부모에게 순종하셨고 제사와 절기들을 지키셨다. 창조자요 입법자이신 그가 율법에 복종하셨다. 그는 마침내 죄인들을 대신하여 십자가에 죽으셨고 무덤에 묻히셨다. 그는 낮아지실 수 있는 만큼 가장 낮아지셨다. 빌립보서 2:7-8, "자기를 낮추시고 죽기까지 복종하셨으니 곧 십자가에 죽으심이라."

그러나 하나님께서는 낮아지신 그를 지극히 높이셨다. 그는 다시 살아나셨고 하늘로 올리우셨고 지금 하나님 오른편에 앉아계신다. 이 모든 사실들은 성경에 확실히 증거되었다. 사도행전 1:3, "확실한 많은 증거로 친히 사심을 나타내사." 사도행전 1:9, "저희 보는 데서 올리워 가시니." 그는 장차 하늘로부터 이 세상으로 다시 내려오실 것이다. 마태복음 24:30, "그들이 인자가 구름을 타고 능력과 큰 영광으로 오는 것을 보리라."

예수 그리스도의 삼직(三職)

예수 그리스도라는 말은 그의 직분과 사역을 잘 나타낸다. 예수는 '구주'라는 뜻이고, 그리스도는 히브리어 '메시아'에 해당하는 헬라어로서 '기름부음받은 자'라는 뜻이다. 특히 그리스도라는 명칭은 그가 선지자와 제사장과 왕의 직분을 가지심을 나타낸다. 구약시대에 이 세 직분은 기름 부음을 받았다. 그들은 장차 오실 구주를 예표하였다. 예수 그리스도께서는 참 선지자이시며 참 제사장이시며 참 왕이시다.

예수 그리스도께서는 참 선지자이시다. 그는 하나님의 모든 뜻을 사람들에게 전달하신다(요 12:49-50). 그는 지상 생애 동안 가르치시는 일에 힘쓰셨고, 지금도 천상에서 그의 영을 통해 그 일을 계속하신다. 예수 그리스도께서는 우리의 참된 선생님이시다(마 23:8-10).

예수 그리스도께서는 참 제사장이시다. 그는 하나님의 대제사장으로서(히 4:14) 택한 백성들의 죄를 위해 친히 자기 몸을 제물로 주셨고(마 20:28; 히 9:12; 10:12), 지금 하나님 오른편에서 그가 구속(救贖)하신 사람들을 구원하시고 또 이미 구원받은 사람들의 영적 성장을 위해 계속 중보(仲保)의 일을 하신다(롬 8:34).

예수 그리스도께서는 참 왕이시다(마 2:2; 27:11). 그는 왕으로서 자기 백성을 다스리시고 악의 세력으로부터 그들을 지키신다. 그는 만왕의 왕, 만주의 주이시며(계 17:14) 특히 우리의 주님이시요 교회의 머리이시다. 사도행전 2:36, "이 예수를 하나님이 주와 그리스도가 되게 하셨느니라." 에베소서 1:22, "그를 만물 위에 교회의 머리로 주셨느니라." 우리는 주 예수께서 참 선지자, 참 제사장, 참 왕이 되심을 감사하며 오직 그를 믿고 그에게서 배우고 그에게 순종하자.

15. 속죄사역

예수 그리스도의 세 가지 직분 중 제사장직은 그의 성육신의 목적이요 그가 세상에 오셔서 하신 가장 중요한 일이었다. 그것은 구약에 예표되고 예언된 바이었는데, 바로 속죄사역이다. 그리스도의 속죄사역은 기독교 진리의 핵심이다. 복음은 '예수 그리스도께서 우리 죄를 위해 죽으셨다'는 소식이다(고전 15:3). 바울은 "우리는 십자가에 못 박힌 그리스도를 전한다"고 말했다(고전 1:23).

속죄의 원인

예수 그리스도의 속죄사역은 궁극적으로는 하나님의 기쁘신 뜻이었다. 갈라디아서 1:4, "그리스도께서 하나님 곧 우리 아버지의 뜻을 따라 이 악한 세대에서 우리를 건지시려고 우리 죄를 위하여 자기 몸을 드리셨으니." 에베소서 1:4, 7, "곧 창세 전에 그리스도 안에서 우리를 택하사," "우리가 그리스도 안에서 그의 은혜의 풍성함을 따라 그의 피로 말미암아 구속(救贖) 곧 죄사함을 받았으니."

그러나 하나님께서 왜 이 일을 뜻하셨는가? 그것은 그의 사랑과 의 때문이었다. 요한복음 3:16, "하나님이 세상을 이처럼 사랑하사 독생자를 주셨으니." 로마서 3:25, "[이 예수를 화목제물로 세우셨으니] 이는 하나님께서 길이 참으시는 중에 전에 지은 죄를 간과하심으로 자기의 의로우심을 나타내려 하심이니."

속죄의 의미

그러면 속죄(贖罪)란 무엇을 의미하는가? 속죄의 의미는 성경에서 속죄를 표현하기 위해 사용된 네 단어를 통해 잘 증거된다.

첫째는 **제사**이다. 히브리서 10:12는 예수 그리스도께서 죄를 위해

한 영원한 제사를 드리셨다고 말한다. 구약의 제사는 일차적으로 속상(贖償, expiation)을 뜻한다. 속상이란 제물이 죄인을 대신해 벌을 받음으로써 죄인의 죄책과 죄의 형벌을 보상하고 하나님의 공의를 만족시킨다는 뜻이다. 예수 그리스도의 죽음은 속상(贖償)의 뜻을 가졌다. 갈라디아서 3:13, "그리스도께서 우리를 위하여 저주를 받은 바 되사 율법의 저주에서 우리를 속량하셨으니." 고린도후서 5:21, "하나님이 죄를 알지도 못하신 자로 우리를 대신하여 죄를 삼으신 것은 우리로 하여금 저의 안에서 하나님의 의가 되게 하려 하심이니라."

둘째는 **구속**(救贖, redemption)이다. 이 말은 값을 주고 산다는 뜻이다. 이것은 구주 예수께서 자신의 핏값으로 우리를 우리의 죄책과 죄의 형벌로부터 건져내셨음을 의미한다. 마태복음 20:28, "인자가 온 것은 . . . 자기 목숨을 많은 사람의 대속물(代贖物)로 주려 함이니라." 사도행전 20:28, "하나님이 자기 피로 사신 교회를 치게 하셨느니라." 디도서 2:14, "그가 우리를 대신하여 자신을 주심은 모든 불법에서 우리를 구속(救贖)하시고."

셋째는 **유화**(宥和, propitiation)이다. 이 말은 죄로 인한 하나님의 진노를 가라앉히고 제거한다는 뜻이다. 이것은 그리스도의 죽음으로 죄인들을 향하신 하나님의 진노가 가라앉혀졌고 제거되었다는 것을 뜻한다. 로마서 3:25, "이 예수를 . . . 화목제물(유화제물, 힐라스테리온 ἱλαστήριον)로 세우셨으니." 요한일서 2:2,, "저는 우리 죄를 위한 화목제물(유화제물, 힐라스모스 ἱλασμός)이니."

넷째는 **화목**(reconciliation)이다. 이것은 그리스도의 죽으심이 하나님과 죄인들과의 적대관계를 회복시키셨다는 뜻이다. 로마서 5:10, "우리가 원수되었을 때에 그 아들의 죽으심으로 말미암아 하나님으로 더불어 화목되었은즉." 고린도후서 5:18, "저[하나님]가 그리스도로 말미암아 우리를 자기와 화목하게 하시고."

속죄의 성격

예수 그리스도의 속죄사역은 다음 몇 가지 성격을 가진다. 첫째로, 예수 그리스도의 속죄사역은 **역사적**이었다. 예수 그리스도께서는 2천년 전에 십자가에 죽으심으로 택자들을 위한 속죄를 이루셨다. 고린도전서 1:23, "우리는 십자가에 못 박힌 그리스도를 전하니."

둘째로, 예수 그리스도의 속죄사역은 **객관적**이었다. 그것은 하나님과의 관계에서 이루어진 사건이었다. 앞에서 말한 속죄의 네 가지 의미는 그것이 객관적으로 이루어졌음을 의미한다.

셋째로, 예수 그리스도의 속죄사역은 **대리적**(代理的)이었다. 그것은 '많은 사람들'을 위한 일, 정확히 말하자면 '모든 택자들'을 대신한 일이었다. 마태복음 20:28, "인자가 온 것은 . . . 많은 사람의 대속물(代贖物)로 주려 함이니라." 고린도후서 5:14, "한 사람이 모든 사람[택한 모든 사람]을 대신하여 죽었은즉 모든 사람이 죽은 것이라."

넷째로, 예수 그리스도의 속죄사역은 **완전**하였다. 예수 그리스도의 십자가는 우리에게 완전한 의(義)가 되었다. 히브리서 9:12, "오직 자기 피로 영원한 속죄를 이루사." 히브리서 10:10, 14, "이 뜻을 좇아 예수 그리스도의 몸을 단번에 드리심으로 말미암아 우리가 거룩함을 얻었노라(완료시제)," "저가 한 제물로 거룩하게 된 자들을 영원히 온전케 하셨느니라(완료시제)." 특히, 예수 그리스도의 신성(神性)은 그의 속죄사역을 완전케 하였고 많은 사람을 의롭다 할 만한 가치가 있게 하였다. 한 분 예수 그리스도의 죽음은 하나님께서 만세 전에 택하신 많은 영혼들의 죄를 대속할 만한 가치가 충분하였다.

하나님의 아들 우리 주 예수께서 이 벌레 같은 나를 위해 돌아가셨다. 나는 아무 공로 없으나 그가 나를 위해 죽으셨고 그것이 나의 의가 되었다. 나의 의는 이것뿐 예수님의 피밖에 없다! 이것이 복음이요 이것이 구원이다. 성도는 이 감격을 가지고 주를 믿고 따른다.

16. 속죄의 범위

예수 그리스도의 속죄는 세상 모든 사람을 위한 것이었는가, 아니면 오직 하나님의 택한 자들을 위한 것인가? 그의 십자가의 죽음은 세상 모든 사람의 죄를 대속(代贖)한 것인가, 아니면 하나님의 택한 자들의 죄만 대속한 것인가? 감리교회는 예수께서 세상 모든 사람을 위해 죽으셨고 하나님께서는 이 세상의 모든 사람을 구원하기를 원하시지만 단지 그들이 믿지 않기 때문에 구원받지 못하는 것이라고 가르친다. 이것을 '보편속죄론'이라고 말한다. 그러나 우리 장로교회는 하나님의 구원 의지나 예수 그리스도의 속죄가 제한적이었다고 믿고 가르친다. 이것을 '제한속죄론'이라고 말한다. 우리는 제한속죄론이 성경적이라고 믿는다. 그 이유는 다음과 같다.

사람의 구원은 궁극적으로 하나님께 달려 있음

첫째로, 사람의 구원은 궁극적으로 하나님께 달려 있기 때문이다. 하나님께서는 사람의 구원을 포함해 세상의 모든 일을 그의 기쁘신 뜻대로 계획하시고 행하시는 절대주권자이시다. 사람의 구원은 하나님께서 하시는 일이다. 그는 실제로 죄인을 구원하시는 구주이시다. 시편 3:8, "구원은 여호와께 있사오니." 로마서 9:18, "하고자 하시는 자를 긍휼히 여기시고 하고자 하시는 자를 강팍케 하시느니라." 요한복음 6:44, "나를 보내신 아버지께서 이끌지 아니하면 아무라도 내게 올 수 없느니라." 그러므로 만일 하나님께서 인류 전체를 구원하시려고 뜻하셨다면, 그렇게 하셨을 것이다. 우리는 인류 전체를 구원하실 능력이 그에게 있다고 믿는다. 마태복음 19:26, "사람으로는 할 수 없으되 하나님으로서는 다 할 수 있느니라." 그러나 인류 전체가 구원받지 않는 것을 보면 그것은 하나님의 뜻이 아니었다.

하나님의 구원은 제한적임

둘째로, 사람의 구원에 대한 하나님의 뜻이 제한적이기 때문이다. 하나님의 구원 의지가 제한적이라는 사실은 성경의 분명한 진리이다. 하나님께서는 구약시대에 이방인들과 구별하여 이스라엘 백성에게 특별한 사랑을 베푸셨다. 또 성경 전체에 밝히 증거되어 있는 선택의 진리는 하나님의 구원 의지의 제한성을 증거한다. 요한복음 6:37, "아 버지께서 내게 주시는 자는 다 내게로 올 것이요." 요한복음 10:15, "나는 양을 위하여 목숨을 버리노라." 요한복음 10:26, "너희가 내 양이 아니므로 믿지 아니하는도다." 요한복음 17:9, "내가 비옵는 것은 세상을 위함이 아니요 내게 주신 자들을 위함이니이다." 또 성경에 빈번한 '우리' 또는 '많은'이라는 표현들은 하나님의 제한적 구원 의지를 암시한다(사 53:5-6, 8, 11; 마 20:28; 26:28 등).

보편속죄론은 성경의 어떤 구절에 호소한다. 그러나 성경이 하나님의 구원 의지의 제한성을 분명히 계시하기 때문에, 그런 구절은 이런 빛 아래서 해석되어야 한다. 예를 들어, 에스겔 18:23, "내가 어찌 악인의 죽는 것을 조금인들 기뻐하랴? 그가 돌이켜 그 길에서 떠나서 사는 것을 어찌 기뻐하지 아니하겠느냐?"는 말씀은, 하나님께서 악인들에게 회개를 명하시는 것은 그들의 멸망을 기뻐하지 않으시기 때문이며 따라서 회개치 않는 악인들에 대한 하나님의 심판은 의롭고 공평하며 아무도 그것을 불평할 수 없다는 것을 강조하는 것이다.

디모데전서 2:4, 6, "하나님은 모든 사람이 구원을 받으며 진리를 아는 데 이르기를 원하시느니라," "그가 모든 사람을 위하여 자기를 속전으로 주셨으니"라는 말씀에서, '모든 사람'은 반드시 세상에 있는 모든 사람이 아니고 제한적 혹은 대략적 의미의 '모든 사람'이라고 볼 수 있다. 디모데전서와 후서에서 '모든'이라는 말은 그런 제한적 혹은 대략적 의미를 가진다(딤전 2:1; 4:15; 5:20; 딤후 1:15; 4:16 등 참조).

그러므로 본문에서 '모든 사람'은 ① 이방인과 유대인을 통틀어 모두를 가리키든지, ② 각계 각층의 사람 모두를 가리키든지, ③ 엄밀한 의미에서 택함받은 사람 모두를 가리킬 수 있을 것이다.

베드로후서 3:9, "주의 약속은 어떤 이의 더디다고 생각하는 것같이 더딘 것이 아니라 오직 너희를 대하여 오래 참으사 아무도 멸망치 않고 다 회개하기에 이르기를 원하시느니라"는 말씀에서, '너희'는 구원받은 신자들에 대한 말씀이므로 제한속죄론과 충돌되는 것이 없고 또 보편속죄론을 지지하는 구절이라고 볼 것도 아니다.

속죄는 실제로 죄의 형벌을 받는 것

셋째로, 속죄의 본질 때문이다. 즉 속죄(贖罪)는 가상적인 어떤 것이 아니고, 실제로, 역사적으로, 객관적으로 예수 그리스도께서 우리의 죄를 대신하여 형벌을 받으셨고 죗값을 다 지불하신 것이다. 사도행전 20:28, "하나님께서 자기 피로 사신 교회." 히브리서 10:12, "그리스도는 죄를 위하여 한 영원한 제사를 드리시고." 고린도후서 5:21, "하나님께서 죄를 알지도 못하신 자로 우리를 대신하여 죄를 삼으신 것은 우리로 하여금 저의 안에서 하나님의 의(義)가 되게 하려 하심이니라." 갈라디아서 3:13, "그리스도께서 우리를 위하여 저주를 받은바 되사 율법의 저주에서 우리를 속량하셨으니."

그러므로 만일 예수 그리스도께서 세상 모든 사람의 죄를 속하셨다면, 모든 죄인에 대한 하나님의 심판과 최종적 지옥 형벌은 남아있지 않고, 모든 사람이 다 구원받게 될 것이다. 다시 말해, 보편속죄론은 보편구원론으로 나아가는 것이다. 그러나 보편구원론은 명백히 비성경적이다. 모든 사람이 회개하고 믿고 구원받지는 않을 것이다. 넓은 문으로 들어가고 넓은 길로 가다가 멸망할 사람들이 더 많을 것이다(마 7:13). 그러므로 속죄의 본질상, 속죄는 제한적이다.

17. 중생(重生)

하나님의 아들 예수 그리스도의 속죄사역으로 죄인들은 구원을 받는다. 구원은 삼위일체 하나님의 사역이다. 하나님께서 창세 전에 선택하시고 예수 그리스도께서 2천년 전에 십자가 위에서 대속(代贖)하신 자들을 성령께서 실제로 구원하신다. 성경은 구원을 중생(重生, 거듭남)이라는 말로 표현한다. 중생은 예수 믿는 성도들이 이미 받은 은혜이다. 그것은 구원의 과거적 단계이다.

중생의 의미

중생(重生, 거듭남)이란 죄로 인해 죽은 영혼이 다시 살아나는 것이다. 모든 사람은 죄인이며 죄로 인해 영적으로 죽어 있기 때문에, 모든 사람에게 중생(거듭남)이 필요하다. 요한복음 3:3, "사람이 거듭나지 아니하면 하나님 나라를 볼 수 없느니라." 사람이 천국에 들어가려면, 반드시 거듭나야 한다. 예수 그리스도를 믿은 자들은 하나님께로서 난 자들이며(요 1:13) 새 생명을 얻은 자들이다. 에베소서 2:1, "너희의 허물과 죄로 죽었던 너희를 살리셨도다."

중생의 새 생명은 '하나님의 씨'로서 다시 범죄할 수 없는 원리이다. 이것이 영혼에 심어짐으로써, 사람의 영혼의 지배적 성향이 거룩해진다. 거듭난 자는 새 마음을 받는다. 에스겔 36:26, "새 영을 너희 속에 두고 새 마음을 너희에게 주되 너희 육신에서 굳은 마음을 제하고 부드러운 마음을 줄 것이며." 중생한 사람을 '새 사람'이라고 부른다. 옛사람은 무지(無知)와 도덕적 불결 가운데 있었다. 그러나 구원받은 사람은, 비록 옛 죄악성이 아직 남아 있지만, 여실히 변화되어 이제는 하나님을 알고 의로운 삶을 추구하는 새 성향을 가진다. 에베소서 4:22-23, "유혹의 욕심을 따라 구습을 좇는 옛사람을 벗어버리

고 심령으로 새롭게 되어." 디도서 3:5, "우리를 구원하시되 . . . 중생
의 씻음과 성령의 새롭게 하심으로 하셨나니."

중생의 방법

중생의 방법은 오직 성령에 의해서이다. 중생은 성령의 주권적(主
權的) 활동이다. 사람은 물과 성령으로 거듭난다. 요한복음 3:5-6, 8,
"물과 성령으로(에크 ἐκ) 나지 아니하면 . . . 성령으로 난 것은 . . .
성령으로 난 사람." 성령께서는 중생에서 원인자이시다. 디도서 3:5,
"우리를 구원하시되 중생의 씻음과 성령의 새롭게 하심으로 하셨나
니." 죽은 자는 스스로 살아나지 못하며 살리시는 하나님의 활동에
협력하지도 못한다. 중생에 있어서, 죄인은 전적으로 수동적이다.

그러나 비록 유아들의 경우는 예외이지만, 성인들의 경우 중생은
복음을 통해 이루어진다. 그러므로 복음 전파는 죄인의 구원과 거듭
남을 위해 필수적인 수단이다. 야고보서 1:18, "[하나님께서] 진리의
말씀으로 우리를 낳으셨느니라." 베드로전서 1:23, "[너희가 거듭난
것이] 하나님의 살아있고 항상 있는 말씀으로 되었느니라."

중생의 내면적 이치는 예수 그리스도의 대속의 공로를 죄인들에게
적용하시는 것이다. 즉 죄인은 예수 그리스도의 보혈로 죄 씻음을 받
고 새 생명을 얻게 되는 것이다. 죄의 형벌은 죽음이며 죄의 씻음은
생명이다. 베드로전서 1:3, "예수 그리스도의 죽은 자 가운데서 부활
하심으로 말미암아 우리를 거듭나게 하사 산 소망이 있게 하시며."
요한복음 3:5, "사람이 물과 성령으로 나지 아니하면." 에베소서 5:26,
"물로 씻어 말씀으로 깨끗하게 하사." 히브리서 10:22, "우리가 마음
에 뿌림을 받아 몸을 맑은 물로 씻었으니." 물은 예수 그리스도의 피
로 죄를 씻는 것을 상징하며 그것은 세례 의식으로 표현된다. 우리의
죄가 씻음을 받은즉 죽었던 영이 다시 살아나는 것이다.

17. 중생(重生)

중생의 증거

중생의 증거는 회개와 믿음이다. 죄를 회개하는 것은 중생의 증거이다. 요한일서 2:29, "의를 행하는 자마다 그에게서 난 줄을 알리라." 요한일서 3:9, "하나님께로서 난 자마다 죄를 짓지 아니하나니." 누가복음 5:32, "나는 죄인을 불러 회개시키러 왔노라."

회개는 지정의(知情意)의 요소를 포함한다. ① 회개는 자신의 죄와 하나님의 진노에 대한 깨달음을 포함한다. ② 회개는 자신의 죄들에 대한 슬픔과 미워함을 포함한다. ③ 회개는 자신의 죄들을 청산하고 실제로 돌아서는 것이다. 이것은 가장 중요한 요소이다. 회개는 죄악되었던 옛 생활 방식, 즉 불경건과 부도덕을 청산하는 것이다.

예수 그리스도를 믿는 믿음이 중생의 다른 한 증거이다. 요한복음 1:12-13, "영접하는 자 곧 그 이름을 믿는 자들에게는 하나님의 자녀가 되는 권세를 주셨으니 이는 혈통으로나 육정으로나 사람의 뜻으로 나지 아니하고 오직 하나님께로서 난 자들이니라." 요한복음 3:16, "이는 저를 믿는 자마다 멸망치 않고 영생을 얻게 하려 하심이니라."

믿음도 지정의(知情意)의 요소를 포함한다. ① 참된 믿음은 예수 그리스도와 그의 복음에 관한 지식을 포함한다. 구원에 이르는 믿음은 지식 없는 맹목적 믿음이 아니고, 예수 그리스도와 그 복음에 대한 최소한의 지식을 가진 믿음이다. ② 믿음은 예수 그리스도의 복음을 성심으로 받아들이는 것이다. ③ 믿음은 예수 그리스도를 구주와 주로 의지하는 것이다. 로마서 6:17, "너희에게 전하여 준 바 교훈의 본을 마음으로 순종하여." 참 믿음은 마음의 순종이다.

이와 같이, 자신의 모든 죄를 회개하고 주 예수 그리스도를 믿는 자는 구원받은 자요 중생한 자이다. 그러나 자신의 모든 죄를 회개치 않고 주 예수 그리스도를 믿지 않는 자는 구원받지 못한 자요 중생치 못한 자이다.

18. 칭의(稱義)

성경은 구원을 또한 칭의(稱義, 의롭다 하심)라는 말로 표현한다. 칭의(稱義)는 중생(重生)과 더불어 구원받은 성도들이 과거에 이미 받은 은혜이다. 중생이 사람 속에서 일어난 사건이라면, 칭의는 사람 밖에서 일어난 사건이다.

칭의의 의미

칭의(稱義, 의롭다 하심)는 하나님께서 예수님 믿는 자들의 모든 죄를 씻으시고 의롭다고 선언하시는 것이다. 그러므로 칭의는 중생과 달리 사람 속에서 이루어지는 일이 아니고 사람 밖에서, 즉 하늘 법정(法廷)에서 이루어지는 일이다.

칭의는 신자들의 죄책(罪責), 즉 죄들에 대한 법적 책임을 없게 하는 것이다. 예수 그리스도께서 우리를 대신하여 죄의 형벌을 받으셨음으로, 하나님께서는 예수님 믿는 우리의 죄책을 제거하셨고 우리의 죄를 사하셨고 우리를 죄 없고 의로운 자로 간주하시는 것이다.

칭의는 짧거나 혹은 긴 어떤 과정이 아니고 하나님의 즉각적이며 완전한 행위이다. 중생과 같이, 칭의는 예수님 믿을 때 즉시 일어나는 단번의 사건이며 그것은 완전하다. 왜냐하면 그것은 예수 그리스도의 완전한 속죄와 완전한 의(義)에 근거하기 때문이다. 로마서 5:1, 9, "그러므로 우리가 믿음으로 의롭다 하심을 얻었은즉(디카이오덴테스 δικαιωθέντες 부정과거분사)," "그러면 이제 우리가 그 피를 인하여 의롭다 하심을 얻었은즉(디카이오덴테스 δικαιωθέντες)."

칭의의 방법

칭의는 율법을 행함으로 얻을 수 없다. 율법의 행위로는 의롭다 함을 얻을 육체가 아무도 없다(롬 3:20; 갈 2:16). 칭의는 죄인이 오직 예수 그리스도를 믿음으로 얻는다. 로마서 3:21-22, "이제는 율법 외에(코리스 노무 χωρὶς νόμου)[율법과 별개로, 율법과 관계없이] 하나님의 한 의가 나타났으니," "곧 예수 그리스도를 믿음으로 말미암아 모든 믿는 자에게 미치는 하나님의 의니 차별이 없느니라." 로마서 3:28, "그러므로 사람이 의롭다 하심을 얻는 것은 율법의 행위에 있지 않고 믿음으로 되는 줄 우리가 인정하노라." 갈라디아서 2:16, "사람이 의롭게 되는 것[의롭다 하심을 얻는 것]은 율법의 행위에서 난 것이 아니요 오직 예수 그리스도를 믿음으로 말미암는 줄 아는 고로 우리도 그리스도 예수를 믿나니 이는 우리가 율법의 행위에서 아니고 그리스도를 믿음으로서 의롭다 함을 얻으려 함이라." 믿음은 믿음 자체에 어떤 효력이 있거나 믿음 자체가 어떤 공로가 되는 것은 아니고, 의롭다 하심을 얻기 위한 인간 편에서의 방편과 도구일 뿐이다.

죄인이 믿음으로 의롭다 하심을 얻는 것은 전적으로 예수 그리스도의 속죄사역에 근거한 것이므로 그것은 오직 하나님의 은혜이다. 로마서 3:24, "그리스도 예수 안에 있는 구속(救贖)으로 말미암아 하나님의 은혜로 값없이 의롭다 하심을 얻은 자 되었느니라." 로마서 4:5, "일을 아니할지라도[행위가 없을지라도] 경건치 아니한 자를 의롭다 하시는 이를 믿는 자에게는 그의 믿음을 의로 여기시나니."

물론, 구원받은 성도에게 행위는 중요하다(마 7:21; 요일 3:9-10). 사람이 율법의 행위로가 아니고 오직 예수 그리스도를 믿음으로만 구원을 얻지만, 율법의 행위가 없이 구원받는 것도 아니다. 선한 행위는 구원의 조건이 아니지만, 구원의 증거와 열매로서 꼭 필요하다. 그러므로 야고보는 행함이 없는 믿음은 그 자체가 죽은 것이라고 말했다(약 2:17, 26). 야고보는 행함이 없는 죽은 믿음과 행함이 있는 산 믿음을 구별하면서 심지어 "행함으로 의롭다 함을 얻는다"는 표현을 사용하였다(약 2:21, 24). 야고보가 말한 행위는 의를 얻기 위한 율법 적 행위가 아니고 산 믿음의 증거와 열매로서의 행위를 말한 것이다. 그러므로 율법주의도 큰 오류이지만, 반율법주의도 큰 오류이다.

바울도 믿음으로 의롭다 하심을 얻는다는 은혜의 복음을 강조하는 동시에 의롭고 선한 행위에 대해서도 강조했다. 로마서 8:13, "너희가 육신대로 살면 반드시 죽을 것이로되 영으로써[성령으로] 몸의 행실 을 죽이면 살리니." 갈라디아서 5:6, 13, "사랑으로 역사하는 믿음뿐이 니라," "너희가 자유를 위하여 부르심을 입었으나 그러나 그 자유로 육체의 기회를 삼지 말고 오직 사랑으로 서로 종노릇하라."

칭의의 결과

로마서 5장은 칭의의 세 가지 결과를 증거한다. 첫째로, 의롭다 하 심을 얻은 자는 하나님과 화목하며 교제한다. 로마서 5:1, "그러므로 우리가 믿음으로 의롭다 하심을 얻었은즉 우리 주 예수 그리스도로 말미암아 하나님으로 더불어 화평을 누리자[누리느니라](전통본문)." 구원받은 성도는 성경말씀의 묵상과 기도로 하나님과 교제한다.

둘째로, 의롭다 하심을 얻은 자는 미래의 영광스러운 구원을 확신 하며 기뻐한다. 로마서 5:2, "그로 말미암아 우리가 믿음으로 서 있는 이 은혜에 들어감을 얻었으며 하나님의 영광을 바라고 즐거워하느니 라." 로마서 5:9, "이제 우리가 그 피를 인하여 의롭다 하심을 얻었은 즉 더욱 그로 말미암아 진노하심에서 구원을 얻을 것이니."

셋째로, 의롭다 하심을 얻은 자는 영생을 소유하며 장차 누릴 것이 다. 로마서 5:18, "그런즉 한 범죄로 많은 사람이 정죄에 이른 것같이 의의 한 행동으로 말미암아 많은 사람이 의롭다 하심을 받아 생명에 이르렀느니라." 죄의 형벌은 죽음이요 죄사함과 의롭다 하심의 결과 는 영생이다. 의롭다 하심의 결과는 이와 같이 복되다.

19. 성화(聖化)

중생(重生, 거듭남)과 칭의(稱義, 의롭다 하심)가 성도들이 과거에 이미 받은 구원의 은혜라면, 성화(聖化, 거룩하여짐)는 성도들이 현재 받고 있는 구원의 은혜이다. 성화는 구원의 현재적 단계이다.

성화의 의미

성화(聖化)는 법적으로 이미 의롭다 하심을 얻었고1) 거룩하여진2) 성도가 실제로 거룩해지는 것을 가리킨다. 그것은 성도의 전인(全人) 즉 영육의 전체, 지정의의 전 인격, 전 생활이 죄에 대해 점점 더 죽고 의에 대해 점점 더 사는 것이다. 칭의는 우리의 죄책(罪責)의 제거이지만, 성화는 우리의 죄성(罪性)의 제거이다. 죄책은 믿을 때 단번에 제거되지만, 죄성은 전 생애를 통하여, 비록 완전하게는 아닐지라도, 조금씩 점진적으로 제거되고 극복된다. 우리는 하나님의 은혜로 거룩해지고 장차 영광에 이를 것이다. 로마서 6:2, "죄에 대하여 죽은 우리가 어찌 그 가운데 더 살리요?" 로마서 6:12-13, "그러므로 너희는 죄로 너희 죽을 몸에 왕노릇하지 못하게 하여 몸의 사욕을 순종치 말고 또한 너희 지체를 불의의 병기로 죄에게 드리지 말고, 오직 너희 자신을 죽은 자 가운데서 다시 산 자같이 하나님께 드리며 너희 지체를 의의 병기로 하나님께 드리라."

---

1) 로마서 5:1, "그러므로 우리가 믿음으로 의롭다 하심을 얻었은즉." '의롭다 하심을 얻었다'는 원어(디카이오덴테스 δικαιωθέντες)는 부정과거 분사로서 의롭다 하심이 단번에 이루어진 사건임을 증거한다.

2) 고린도전서 1:2, "그리스도 예수 안에서 거룩하여지고(헤기아스메노이스 ἡγιασμένοις)." 히브리서 10:10, "우리가 거룩함을 얻었노라(헤기아스메노이 ἡγιασμένοι)." '거룩하여지고'나 '거룩함을 얻었노라'는 원어는 다 완료분사이며, 그것은 우리가 이미 거룩하여졌음을 나타낸다.

19. 성화(聖化)

중생과 비교할 때, 중생은 영적 출생이요, 성화는 영적 성장이다. 출생된 아기가 자라듯이, 거듭난 사람은 영적으로 자란다. 이 성장은 점진적이며 하나님의 섭리적 과정을 통과한다. 베드로전서 2:1-2, "그러므로 모든 악독과 모든 궤휼과 외식과 시기와 모든 비방하는 말을 버리고 갓난아이들과 같이 순전하고 신령한 젖을 사모하라. 이는 이로 말미암아 너희로 자라게 하려 함이라"(전통본문).

성화는 하나님의 형상의 회복이며 그 목표는 지식과 의와 거룩함, 즉 온전함이다. 골로새서 3:10, "[이는] 옛사람과 그 행위를 벗어버리고 새 사람을 입었으니 이는 자기를 창조하신 자의 형상을 좇아 지식에까지 새롭게 하심을 받는 자니라." 에베소서 4:23-24, "오직 심령으로 새롭게 되어 하나님을 따라 의와 진리의[참된] 거룩함으로 지으심을 받은 새 사람을 입으라." 온전한 지식과 도덕성이 목표인 것이다.

성화의 중요성

성화는 구원의 필수적 단계로서 매우 중요하다. 우선, 성화는 하나님의 뜻이다. 데살로니가전서 4:3, "하나님의 뜻은 이것이니 너희의 거룩함이라. 곧 음란을 버리고." 그러므로 중생과 칭의와 함께, 성화는 설교에서 마땅히 강조되어야 할 진리이다.

성화는 또한 하나님께서 성경을 주신 중요한 한 목적이다. 성경의 목적은 일차적으로 죄인의 구원 즉 중생과 칭의이지만, 그것은 또한 구원받은 성도를 온전케 하는 것 곧 성화이다. 디모데후서 3:16-17, "모든 성경은 하나님의 감동으로 된 것으로 교훈과 책망과 바르게 함과 의로 교육하기에 유익하니, 이는 하나님의 사람으로 온전케 하며." 예수님과 사도들의 교훈들을 포함하여 모든 성경의 많은 부분들은 구원받은 성도들의 온전함 즉 성화를 위한 교훈이다.

성화는 또한 구원의 당연한 열매이다. 태어난 아기가 자라는 것은 당연한 일이다. 만일 아기가 자라지 않는다면, 그것은 비정상적인 일이며 심각한 문제이다. 영적으로도 그렇다. 중생한 성도는 영적으로 당연히 자라야 하고 거룩해져야 한다. 행위의 변화가 없는 구원은 참 구원이 아니다. 성화 없는 구원은 구원이 아니다. 로마서 6:22, "그러나 이제는 너희가 죄에게서 해방되고 하나님께 종이 되어 거룩함에 이르는 열매를 얻었으니, 이 마지막은 영생이라."

성화의 방법

성화는 어떻게 이루어지는가? 성화는 하나님의 은혜이다. 데살로니가전서 5:23, "평강의 하나님께서 친히 너희로 온전히 거룩하게 하시고." 성화에서, 하나님의 영, 성령께서는 성도 속에 거하셔서 그를 도우시고 인도하신다. 에스겔 36:27, "내 영을 너희 속에 두어 내 율례를 행하게 하리니." 갈라디아서 5:16, "너희는 성령을 좇아 행하라. 그리하면 육체의 욕심을 이루지 아니하리라." 로마서 8:13-14, "영[성령]으로써 몸의 행실을 죽이면 살리니, 무릇 하나님의 영으로 인도함을 받는 그들은 곧 하나님의 아들이라." 그러므로 성령의 도우심으로 이루어지는 선한 행실들은 성도들에게 아무 공로가 될 수 없다.

그러나 성화는 사람편에서도 성실한 노력이 필요하다. 중생에서 사람은 전적으로 수동적이었지만, 성화에서는 자발적, 자원적, 능동적이며 협력적이어야 한다. 성도는 성화를 위해 게을러서는 안 되고 더욱 많이 힘쓰고 부지런해야 한다. 데살로니가전서 4:1, "더욱 많이 힘쓰라." 빌립보서 2:12, "항상 복종하여 두렵고 떨림으로 너희 구원을 이루라." 베드로후서 1:5, 10, "이러므로 너희가 더욱 힘써, " "그러므로 형제들아, 더욱 힘써." 하나님께서는 성도들에게 은혜의 수단, 즉 성화의 수단을 주셨다. 그것은 성경말씀과 성례와 기도이다. 성도들은 이 은혜의 수단을 힘써 사용하여 성화를 이루어야 한다.

20. 성도의 견인(堅忍)

성경적 교리 체계를 신학적으로 개혁주의 혹은 칼빈주의라고 부르는데, 그 특징적 교리는 다음의 다섯 가지이다. 첫째는 사람의 전적인 부패와 무능력, 둘째는 하나님의 무조건적 선택, 셋째는 그리스도의 제한적 속죄, 넷째는 성령의 불가항력적(不可抗力的) 은혜, 다섯째는 성도의 견인(堅忍)이다. 이것을 칼빈주의 5대 교리라고 부른다. 이것들 중, 성도의 견인에 대해 알아보자.

성도의 견인의 의미

성도의 견인(堅忍, perseverance, 끝까지 견딤)이란, 중생한 성도, 곧 예수님 믿고 구원 얻은 성도가 이 세상에서 하나님의 은혜 안에서 끝까지 견디어 영광에 이른다는 교리이다. 구원받은 성도가 세상에서 구원을 잃어버리지 않고 끝까지 지킬 수 있는가라는 질문에 대한 대답이다. 웨스트민스터 신앙고백 17:1, "하나님께서 그의 사랑하시는 자 안에서 받으시고 그의 영으로 효력 있게 부르시며 거룩케 하신 자들은 은혜의 상태로부터 완전히 또 최종적으로 떨어져 버릴 수 없고; 그 안에서 확실히 끝까지 견디며 영원히 구원을 얻을 것이다."

어떤 이들은 이 교리를 반대하면서, 사람이 전적으로 부패했거나 무능력해진 것이 아니고 하나님께서 사람이 회개하고 구주 예수님 믿을 것을 미리 보시고 선택하셨고(조건적 선택설 혹은 예지예정론 [豫知豫定論]), 예수 그리스도께서 이 세상 모든 사람의 죄를 속죄하셨고(보편속죄설), 사람이 성령의 은혜를 저항할 수 있고, 구원받은 성도도 중도에 실패하여 구원을 잃어버릴 수 있다고 주장했다. 이런 사상을 흔히 알미니우스주의라 부른다. 감리교회와 성결교회와 일부의 침례교회의 교리가 이와 비슷하다.

20. 성도의 견인(堅忍)

성도의 견인에 대한 성경적 증거

성도의 견인 교리는 성경적 진리이다. 우선, 성경에 명백히 가르친 구절들이 있다. 예를 들어, 요한복음 10:27-28, "내 양은 내 음성을 들으며 나는 저희를 알며 저희는 나를 따르느니라. 내가 저희에게 영생을 주노니 영원히 멸망치 아니할 터이요 또 저희를 내 손에서 빼앗을 자가 없느니라." 빌립보서 1:6, "너희 속에 착한 일을 시작하신 이가 그리스도 예수의 날까지 이루실 줄을 우리가 확신하노라." 로마서 11:29, "하나님의 은사와 부르심에는 후회하심이 없느니라."

뿐만 아니라, 성도의 견인 교리를 확증하는 몇 가지 중요한 진리가 있다. 첫째는 하나님의 선택의 불변성이다. 로마서 8:30, "미리 정하신 그들을 또한 부르시고 부르신 그들을 또한 의롭다 하시고 의롭다 하신 그들을 또한 영화롭게 하셨느니라." '영화롭게 하셨느니라'는 말(에독사센 $\dot{\epsilon}\delta\acute{o}\xi\alpha\sigma\epsilon\nu$)은 부정과거시제로 미래의 확실한 사건을 나타낸다. 예정된 자들은 하나도 남김 없이 다 영화롭게 된다.

둘째는, 예수 그리스도의 속죄와 중보(仲保) 사역의 완전성이다. 요한복음 6:39, "나를 보내신 이의 뜻은 내게 주신 자 중에 내가 하나도 잃어버리지 아니하고 마지막 날에 다시 살리는 이것이니라." 히브리서 10:14, "저가 한 제물로 거룩하게 된 자들을 영원히 온전케 하셨느니라(완료시제)." 히브리서 7:25, "그러므로 자기를 힘입어 하나님께 나아가는 자들을 온전히 구원하실 수 있으니 이는 그가 항상 살아서 저희를 위하여 간구하심이니라."

셋째는, 성령의 인치심이다. 그것은 성령의 내주(內住)하심을 가리킨다. 에베소서 1:13-14, "그를 믿어 약속의 성령으로 인치심을 받았으니, 이는 우리의 기업에 보증이 되사 그 얻으신 것을 구속(救贖)하시고[그는 그 얻으신 것의 구속의 때까지 우리의 기업의 보증이 되사--직역]." 에베소서 4:30, "하나님의 성령을 근심하게 하지 말라. 그

안에서 너희가 구속(救贖)의 날까지 인치심을 받았느니라." '인치심'
은 보증이다. 성령의 보증을 받은 성도는 중도에 실패할 수 없다.

성도의 견인 교리에 대한 반론들의 반박

성도의 견인 교리에 대해 여러 가지 반론들이 있으나 그것들은 다
그 교리에 대한 무지나 오해에서 비롯된 것이라고 보인다.

첫째로, 어떤 사람들은 성도의 견인 교리가 "죽도록 충성하라"(계
2:10)는 등의 성화의 권면에 반대된다고 주장하였다. 그러나 두 내용
은 서로 반대되는 것이 아니다. 하나님께서는 성도들의 성화와 견인
을 위해 성도들의 자발적 행위를 수단으로 사용하신다.

둘째로, 어떤 사람들은 성도의 견인 교리가 나태와 방종으로 인도
한다고 주장하였다. 그러나 성도의 견인은 우리편의 근면과 성실한
노력을 부정하지 않고 오히려 권장하고 격려한다. 그뿐 아니라, 성도
의 견인의 확신은 성도에게 성화를 위한 큰 위로와 힘이 된다.

셋째로, 어떤 이들은 성도의 견인 교리가, "하나님께서 원가지들도
아끼지 아니하셨은즉 너도 아끼지 아니하시리라"(롬 11:21)는 배교
(背敎)에 대한 경고와 반대된다고 주장하였다. 그러나 배교의 경고가
배교의 가능성을 증명하는 것은 아니라고 대답할 수 있다. 하나님께
서는 성도들의 성화를 위해 경고를 수단으로 사용하신다.

넷째로, 어떤 이들은 성도의 견인 교리가 믿음에 관해 파선한 후메
내오와 알렉산더(딤전 1:19-20) 같은 배교의 예들에 반대된다고 주장
하였다. 그러나 배교자들이 한 때 교회 안에 있었던 것은 사실이지만,
그것이 그들이 참으로 중생하고 구원 얻은 자이었다는 사실을 증명
하는 것은 아니다. 예를 들어, 예수님을 배신하고 은 30개에 팔아넘겼
던 가룟 유다는 처음부터 예수님을 믿지 않은 자이었고(요 6:64) 깨끗
하게 죄씻음을 받지 못한 자이었다(요 13:10-11).

21. 교회의 본질, 속성, 표지

구원받은 사람들이 모여서 교회를 이룬다. 그러나 역사상 교회가 무엇인지에 대해, 즉 교회의 본질에 대해 다른 견해들이 있었다. 또 땅 위의 교회들은 그 교리적 순수성의 정도에 따라 다양하였다.

교회의 본질

교회란 무엇인가? 교회의 본질적 요소는 무엇인가? 교회는 단순히 예배당 건물이 아니고 사람들의 조직도 아니다. 교회의 본질은 '성도의 교통'이라고 표현된다. '교통'이라는 말은 '연합과 교제'를 의미한다. 성도는 예수 그리스도를 믿고 구원받은 자를 가리킨다. 에베소서 1:3-14이 증거하는 대로, 성도는 창세 전에 하나님의 택하심을 받았고 예수 그리스도의 십자가 보혈로 구속(救贖) 곧 죄사함을 받았고 복음을 믿어 성령의 인치심을 받은 자이다. 그러므로 하나님과 예수 그리스도께 대한 참 신앙을 고백하는 성도들이 모여 있는 곳에 교회가 있다. 그러므로 교회에서 세례와 입교 문답은 매우 중요하다.

교회를 이해하려면, 교회가 무형적(無形的)인 동시에 유형적(有形的)이라는 사실을 이해해야 한다. 하나님의 택함을 받고 거듭난 성도들의 연합체인 교회의 실상이나 그 전체의 모습을 눈으로 볼 수 없다는 점에서 교회는 무형적이다. 그러나 교인들과 그들의 교제를 볼 수 있다는 점에서 교회는 또한 유형적이다. 그러나 유형적 교회 안에는 부족하고 불완전한 점들이 있고 심지어 중생치 못한 자들도 있다.

천주교회는 교황을 정점으로 하는 성직자 조직을 교회의 본질적 요소로 보지만, 개혁교회는 교회의 조직을 본질적 요소로 보지 않는다. 개혁교회는 두세 사람이 주 예수 그리스도의 이름을 부르는 곳에 참 교회가 있다고 본다. 이런 의미에서 참 교회는 무형적 교회이다.

개혁교회는 교회에서 조직이 필요하다고 인정하지만 그것은 교회의 본질에 속하지 않고 단지 부수적일 뿐이라고 본다.

교회는 인류 역사 초기부터 있었다. 구약성경에 주로 이스라엘의 '총회'나 '회중'이라고 번역된 말은 신약성경의 '교회'라는 말과 같다. 예수 그리스도께서는 아담 이후 온 인류의 유일한 구주요 중보자이시다(딤전 2:5; 요 14:6; 계 13:8). 모든 시대에 죄인들을 구원하시는 하나님의 구원 원리는 동일하다. 신약시대에 이방인 성도들은 구약시대의 성도들과 동등한 교회 구성원이다(엡 2:19; 3:6). 신분과 특권에 있어서 구약 성도들과 신약 성도들은 동등하다.

교회의 속성

교회는 세 가지 속성을 가진다. 첫째로, 교회는 세상 창조 때로부터 세상 종말까지 또 온 세계에 하나이다. 에베소서 4:4, "몸이 하나이요." 교회는 영적으로 이미 하나이다. 고린도전서 12:13, "다 한 성령으로 세례를 받아 한 몸이 되었고." 교회는 교리적으로도 하나이다. 교회는 공통적 진리 위에 세워져 있다. 요한복음 17:21, "아버지께서 내 안에, 내가 아버지 안에 있는 것같이 저희도 다 하나가 되어 우리 안에 있게 하사." 에베소서 4:4-6은 하나님, 주, 성령, 믿음, 소망, 세례가 하나인 것과 같이, 그리스도의 몸인 교회도 하나임을 증거하였다. 교회는 유형적, 외적으로도 가능하다면 하나가 되어야 한다. 고린도전서 1:10, "다 같은 말을 하고 너희 가운데 분쟁이 없이 같은 마음과 같은 뜻으로 온전히 합하라." 에베소서 4:3, "평안의 매는 줄로 성령의 하나되게 하신 것을 힘써 지키라." 명분 없는 분열은 죄악이다.

둘째로, 교회는 거룩하다. 예수 그리스도께서는 모든 성도를 법적으로 이미 거룩하게 하셨다. 히브리서 10:10, "이 뜻을 좇아 예수 그리스도의 몸을 단번에 드리심으로 말미암아 우리가 거룩함을 얻었노라

(완료형)." 거룩함은 하나님의 목표이며 뜻이었다. 에베소서 5:26-27, "이는 곧 물로 씻어 말씀으로 깨끗하게 하사 거룩하게 하시고 자기 앞에 영광스러운 교회로 세우사 티나 주름잡힌 것이나 이런 것들이 없이 거룩하고 흠이 없게 하려 하심이니라." 그러므로 교회는 교리적으로나 윤리적으로나 거룩하고 깨끗한 교회가 되어야 한다.

셋째로, 교회는 세계적이다. 요한계시록 7:9, "이 일 후에 내가 보니 각 나라와 족속과 백성과 방언에서 아무라도 능히 셀 수 없는 큰 무리가 흰옷을 입고." 에베소서 1:23, "교회는 그[그리스도]의 몸이니 만물 안에서 만물을 충만케 하시는 자의 충만이니라."

참 교회의 표

참 교회는 몇 가지 표를 지닌다. 첫째로, 참 교회는 하나님의 말씀을 바르게 전파한다. 하나님의 바른 말씀은 성도들의 바른 신앙고백의 기초가 된다. 그러므로 하나님의 말씀이 바르게 전파되지 않는 곳에는 바른 신앙고백이 있을 수 없고, 바른 신앙고백이 있지 않는 곳에는 구원받은 성도들도, 참 교회도, 있을 수 없을 것이다.

둘째로, 참 교회는 성례를 바르게 집행한다. 성례는 하나님의 말씀, 특히 예수 그리스도의 속죄의 복음 진리의 유형적(有形的) 표현이다. 고린도전서 11:26, "너희가 이 떡을 먹으며 이 잔을 마실 때마다 주의 죽으심을 오실 때까지 전하는 것이니라." 바르게 집행된 성례는 바른 신앙고백의 표현이며 증거이고, 거기에 참 교회가 있는 것이다.

셋째로, 참 교회는 교인들에게 성실한 훈련과 권징을 행한다. 주께서는 "내가 너희에게 명령한 모든 것을 가르쳐 지키게 하라"고 말씀하셨다(마 28:20). 강단의 설교와 회중의 신앙고백은 회중의 실생활과 일치해야 한다. 교인들의 성실한 훈련과 권징은 참 교회의 당연한 의무이다. 그렇지 못한 교회는 병들었거나 죽어가는 교회일 것이다.

22. 교회의 권세, 임무, 조직

주께서는 교회에 몇 가지 권세를 주셨고, 또 몇 가지 임무를 주셨다. 또 세상에 있는 교회는 주께서 주신 임무를 수행하기 위해 어느 정도의 조직과 직분자들을 필요로 하였다.

교회의 권세

주께서 교회에 주신 권세는 세 가지이다. 그 첫 번째는 교훈권, 즉 가르치는 권세이다. 이것은 성경에 기록된 하나님의 말씀을 연구하고 보수(保守)하고 전파하는 권세이다. 마태복음 28:20, "내가 너희에게 분부[명령]한 모든 것을 가르쳐 지키게 하라." 디모데전서 3:15, "이 집은 살아계신 하나님의 교회요 진리의 기둥과 터이니라." 교회는 이 권세를 사용해 신앙고백서를 작성하며 신학을 정립한다. 마태복음 16:19, "네가 땅에서 무엇이든지 매면 하늘에서도 매일 것이요 네가 땅에서 무엇이든지 풀면 하늘에서도 풀리리라." 교회는 복음의 권세를 가지고 죄인들에게 천국문을 열기도 하고 닫기도 한다.

주께서 교회에 주신 두 번째 권세는 치리권(治理權), 즉 다스리는 권세이다. 이것은 교회가 질서를 유지하고 거룩함을 보존하기 위해 필요한 권세이다. 교회는 이 권세를 사용하여 교회의 규칙들을 제정하며 권징을 행사한다. 마태복음 18:18, "무엇이든지 너희가 땅에서 매면 하늘에서도 매일 것이요 무엇이든지 땅에서 풀면 하늘에서도 풀리리라." 이 말씀은 권징에 관련하여 주신 말씀이다. 특히 교회는, (1) 범죄자의 회개를 위해, (2) 악의 전염을 방지하기 위해, (3) 주의 명예의 옹호를 위해, (4) 하나님의 진노의 방지를 위해 권징을 시행한다. 권징의 단계는 권계(勸戒), 수찬(受餐) 정지, 제명출교 등이다.

주께서 교회에 주신 세 번째 권세는 봉사권이다. 이것은 교회 안에 있는 가난한 자들과 병든 자들을 돕고 위로하는 권세이다. 사도행전 6:1, "그 매일 구제에." 고린도후서 9:1, "성도를 섬기는 일에 대하여."

교회의 임무

교회의 임무는 세 가지이다. 그 첫 번째는 예배이다. 이것은 하나님께 대한 임무로 매우 기본적 임무이다. 성도가 창조주와 구속주이신 하나님을 경배하는 것은 너무나 당연한 일이다(요 4:24; 엡 1:6, 12, 14). 예배는 예수 그리스도를 믿는 믿음과 그의 이름으로 드려야 한다. 예수 그리스도께서는 우리의 유일한 중보자이시다. 또한 예배는 '신령과 진정으로' 즉 참된 심령으로 드려야 한다. 신약시대의 예배는 어떤 장소, 시간, 형식에 구속받지 않는다. 예배 순서는 찬송, 기도, 말씀, 헌금 등이다(고전 14:26). 신약의 예배는 구약 제사의 대체물이 아니다. 신약시대에는 성도의 삶 자체가 제사이기 때문이다(롬 12:1).

교회의 두 번째 임무는 영적 건립 혹은 양육이다. 그것은 교회가 교인들에 대해 가지는 임무이다. 교회는 성도들의 어머니이다. 마태복음 28:20, "내가 너희에게 분부한 모든 것을 가르쳐 지키게 하라." 에베소서 4:11-12, "그가 목사와 교사를 주셨으니 이는 성도를 온전케 하며 봉사의 일을 하게 하며, 그리스도의 몸을 세우려 하심이라." 이 임무를 위해, 교회는 말씀과 기도, 교제와 봉사와 구제에 힘쓴다.

교회의 세 번째의 임무는 전도이다. 이것은 교회가 하나님을 알지 못하는 세상을 향해 가지는 임무이다. 이는 주 예수께서 교회에 주신 특수 임무 곧 사명(mission)이다. 마태복음 28:19, "너희는 가서 모든 족속으로 제자를 삼으라." 이것은 아버지께서 아들 예수님을 이 세상에 보내신 목적이며 예수께서 십자가에 죽으신 이유이다(요 3:16; 마 20:28). 교회의 대외적 활동은 전도의 일에 집중되어야 한다. 교회는 이 일을 위해 사람을 모집하고 훈련하며 파송하고 후원해야 한다.

사회정치적 활동은 어떠한가? 그것은 성도 개인이 할 수 있는 일이지만, 단체로서의 교회의 임무는 아니다. 예수께서는 그런 일에 관여치 않으셨다. 사도행전의 증거대로, 초대교회는 주께서 명하신 전도의 일에 힘썼고, 사회적인 일이나 정치적인 일에 관여하지 않았다.

교회의 조직

역사상 교회에는 세 종류의 정치형태 혹은 운영형태가 있다. 첫째, 감독정치는 감독들이 교회를 운영하는 형태로서 교인들은 교회 운영에 관여하지 않는다. 둘째, 회중정치는 교인들이 교회를 운영하는 것으로서 목사는 한 교인에 불과하다. 셋째, 장로정치는 교인들이 뽑은 대표자들인 목사와 장로들이 교회를 운영하는 형태, 즉 대의정치적 형태이며, 성직권과 일반신도권이 둘 다 존중되는 성경적 형태이다.

교회는 그 임무를 수행하기 위해, 목사, 장로, 집사 등의 직분들을 세운다. 목사는 가르치고 다스리는 직분이다. 부목사와 전도사들은 담임목사의 조력자로 부름을 받는다. 장로들은 교인들의 대표자이며, 지위상 목사와 동등하나 기능상 목사를 돕는 역할을 한다. 집사들은 교회의 살림살이, 구제, 병자 방문을 위한 직분이다(행 6:1-6).

교회 직분의 자격 요건은 첫째로 인격적 성숙이다(딤전 3장). 교회의 직분은 단지 명예직이 아니고 전적으로 봉사직이다(마 20:26-27). 여자 목사와 여자 장로를 세우는 일은 성경적이지 않다. 성경은 창조의 질서와 범죄의 징벌 때문에 그 일을 금하였다(딤전 2:11-14).

장로교회의 회의에는 공동의회, 당회, 노회, 총회가 있다. 공동의회는 세례교인들의 회의로 지역 교회의 최종적 권한을 가진다. 당회는 담임목사와 장로들의 회의로 지역 교회의 치리회다. 노회는 한 지역 안의 목사들과 총대 장로들로, 총회는 각 노회에서 파송된 목사들과 장로들로 구성된다. 노회와 총회는 지역 교회를 견제한다.

23. 현대교회문제

오늘날 교회들 안에는 여러 가지 교리적, 윤리적 문제들이 있지만, 그 중에 자유주의 신학과 교회연합운동과 신복음주의와 은사주의는 매우 심각한 문제라고 생각된다. 그 중 처음 세 가지를 살펴보자.

자유주의 신학

오늘날 교회의 가장 심각한 문제는 자유주의 신학이다. 자유주의 신학은 기독교의 근본 교리들을 부정하는 매우 파괴적 이단 사상인데, 이러한 이단 사상이 오늘날 개신교(Protestant)의 역사적 대교단들, 예를 들어 장로교회, 루터교회, 성공회, 감리교회 등에 널리 퍼져 있는 것이다. 자유주의 신학은 성경의 신빙성과 신적 권위와 무오성(無誤性)을 부정하며, 하나님의 진노하심 즉 형벌적 공의의 속성을 부정하며, 예수 그리스도의 신성(神性)과 성육신(成肉身), 그의 처녀탄생, 그의 기적들, 형벌적 대속(代贖), 부활, 재림 등을 부정한다.

이것은 이단이다. 성경은 하나님의 말씀이며 아무도 그것을 폐할 수 없다(요 10:35). 또 하나님께서는 공의의 심판자이시다(히 6:2). 더욱이, 예수 그리스도의 신성과 성육신을 부정하는 것은 적그리스도의 사상이며(요일 4:2-3) 기적들을 부정하는 것은 사두개파적 오류이다(마 22:29). 또 그의 대속 사역을 부정하는 것은 기독교 복음의 핵심을 부정하는 것이며(롬 3:24-25), 그의 부활과 재림을 부정함은 성경의 근본 교리와 복된 소망을 부정하는 것이다(롬 10:9; 계 1:7; 22:20).

기독교는 성경에 계시된 불변적 교리들 위에 기초해 있다. 성경의 근본 교리를 부정하는 자유주의 신학은 기독교회가 용납할 수 없는 무서운 이단이다. 교회는 하나님께서 주신 바른 교리들을 보수해야 하고, 그것들을 부정하는 이단들을 단호히 배격해야 한다. 디모데후서 1:13-14, "너는 내게 들은 바 바른 말을 본받아 지키라." 디도서 3:10, "이단에 속한 사람을 한두 번 훈계한 후에 멀리하라."

교회연합운동(The Ecumenical Movement)

오늘날 교회의 또 하나의 중대한 문제는 교회연합운동이다. 이것은 세계의 모든 기독교회들을 재연합시키려는 움직임이다. 이 운동에서 교회 연합의 개념은 너무 넓다. 이 운동은 모든 교회가 하나라는 이름 아래 기독교회들 안에 존재하는 다양한 신학 사상들을 비판 없이 용납하고 있다. 오늘날 다수의 교회가 자유주의 신학에 물들어 있음에도 불구하고 이 운동은 자유주의 신학을 배제하려 하지 않고 도리어 이 운동의 지도자들의 다수는 매우 자유주의적이다.

교회연합운동은 또 천주교에 대해서도 매우 우호적이다. 또 오늘날 은사운동은 건전한 성경 교훈으로 만족하는 옛길을 버리고 경험 위주의 기독교를 주장하면서 교회연합을 촉진시키고 있다. 심지어, 교회연합운동의 지도자들 중에는 기독교의 유일성을 부정하며 다른 종교들 속에도 구원이 있다고 생각하는 자들도 있다. 오늘날의 교회연합운동의 중심 기구인 세계교회협의회(WCC)의 <타종교와 이념과의 대화> 분과장이었던 웨슬리 아리아라자가 그 대표적 예이다.

그러나, 교회의 하나됨은 교리적 성격을 가진다. 기독교회는 공통적인 기독교 진리 위에서 하나이다. 또 주께서는 사도 바울을 통해 교회에게 바른 교리를 보수하고 이단을 배격하라고 분명하게 말씀하셨다(딤후 1:13-14; 롬 16:17). 자유주의 신학은 역사상 유례가 없는 파괴적인 이단이며 또 천주교회는 종교개혁 이후 지금까지 그 우상숭배적이고 적그리스도적인 성격에 아무 변화가 없다. 그러므로 기독교회가 교회연합의 기치 아래 이단적 자유주의 신학과 적그리스도적 천주교회와 심지어 이방종교까지 포용하는 것은 하나님의 뜻을 명백히 저버리는 행위요 주께 대한 불순종이요 교회의 자살 행위이다. 고린도후서 6:14-18, "너희는 믿지 않는 자와 멍에를 같이하지 말라. . . . 너희는 저희 중에서 나와서 따로 있으라[분리하라]."

신복음주의(New Evangelicalism)

오늘날 교회의 또 하나의 중대한 문제는 신복음주의이다. 그것은, 자신들은 성경의 근본 진리들을 믿는다고 자처하면서 자유주의 교회들과 교제를 끊기를 반대하는 입장이다. 적지 않은 보수적 목사들이 자유주의 교단들 안에 머물러 있다. 많은 복음주의 교회들과 단체들이 자유주의 교회들과의 연합적 집회나 활동을 찬성한다. 신복음주의의 대표적 예는 빌리 그레이엄이었다. 1950년대 이후, 그레이엄은 전도활동의 방침을 변경해 각 지역의 대다수 교회들의 후원 아래서만 전도 집회를 열었다. 그런 정신 때문에, 그는 그의 전도 대회들에서 자유주의 교단들이나 자유주의자들, 심지어 천주교회와 협력했다.

그러나, 신복음주의의 입장은 오늘날 기독교계의 배교적 상황에서 진리의 지식과 믿음이 없는 것이든지, 다수로부터 고립되기를 싫어하고 좁은 길 걷기를 싫어하는 인간적 생각에 불과하다. 역사적 대교단들이 배교적인 상황이므로, 보수적 교회들이 대교단들과 함께 연합적 활동들을 하는 것은 자유주의 이단을 용납하고 그것과 타협하는 일 외에 다른 것이 아니다. 이런 입장은 옳지 않다. 이런 입장은 확실히 하나님 앞에서 인간적 연약이요 불성실이요 불순종에 불과하다.

참된 교회는 역사적 기독교, 즉 성경의 바른 교훈들을 믿고 성실히 행하며, 자유주의 신학, 교회연합운동, 신복음주의의 잘못된 생각을 버리고, 또 은사주의도 경계해야 하고, 또 윤리적으로도 성경 교훈을 지켜야 한다. 이러한 입장을 근본주의라고 부른다. 이것이 옛 길이요 옛 신앙이다. 우리는 옛 길과 옛 신앙을 지켜야 한다.

24. 성경적 분리

성경은 성도들 간의 사랑의 교제를 가르친다. 주 예수께서는 "서로 사랑하라"(요 13:34)는 새 계명을 제자들에게 유언적으로 남겨두셨다. 그러나 성경은 또한 악한 자와의 교제의 단절, 혹은 분리에 대해서도 가르친다. 참된 사랑은 모든 악과 불의를 배제한다. 교제의 단절 즉 분리에 대한 성경의 교훈은 전통적으로 권징의 진리이다. 그러면 성경은 교제의 단절, 혹은 분리에 대해 어떤 교훈을 주는가?

교제를 끊어야 할 대상

우선, 성경은 우리가 어떤 자들과 교제를 끊어야 한다고 가르치는가? 성경은 우리가 교제를 끊어야 할 네 가지 대상자들을 말한다.

첫째는 불신자이다. 고린도후서 6:14-16, "너희는 믿지 않는 자와 멍에를 같이하지 말라. 의와 불법이 어찌 함께하며, 빛과 어두움이 어찌 사귀며, 그리스도와 벨리알이 어찌 조화되며, 믿는 자와 믿지 않는 자가 어찌 상관하며, 하나님의 성전과 우상이 어찌 일치가 되리요?"

둘째는 이단자이다. 로마서 16:17, "형제들아, 내가 너희를 권하노니 너희 교훈[너희가 배운 교훈 혹은 교리]을 거스려[거슬러] 분쟁을 일으키고 거치게 하는 자들을 살피고 저희에게서 떠나라." 디도서 3:10, "이단에 속한 사람을 한두 번 훈계한 후에 멀리하라[거절하라]." 요한이서 10-11, "누구든지 이[그리스도의 성육신에 대한] 교훈을 가지지 않고 너희에게 나아가거든 그를 집에 들이지도 말고 인사도 말라. 그에게 인사하는 자는 그 악한 일에 참여하는 자임이니라." 유다서 3, "성도에게 단번에 주신 믿음의 도를 위하여 힘써 싸우라."

천주교회와 이단종파들과 자유주의 신학은 이단이다. 또 하나님의 직접 계시와 기적을 말하는 은사주의도 성경을 넘어서는 이단이다.

참 성도는 그런 사상에 빠진 자들과 영적 교제를 나눌 수 없다. 그런 자들은 우리의 권면과 충고의 대상이지 교제의 대상이 아니다.

셋째는 회개치 않는 범죄자이다. 고린도전서 5:11, 13, "만일 어떤 형제라 일컫는 자가 음행하거나 탐람하거나 우상숭배를 하거나 후욕하거나 술취하거나 토색하거든 사귀지도 말고 그런 자와는 함께 먹지도 말라," "이 악한 사람은 너희 중에서 내어쫓으라."

넷째는 고의적 불순종자이다. 데살로니가후서 3:6, 14, "규모 없이 [무질서하게] 행하고 우리에게 받은 유전대로 행치 않는 모든 형제에게서 떠나라," "누가 이 편지에 한 우리 말을 순종치 않거든, 그 사람을 지목하여 사귀지 말고 저로 하여금 부끄럽게 하라." 신복음주의자들, 즉 자유주의자들과 교제를 끊지 않고 계속 교제하고 연합적 활동을 하는 타협주의자들은 오늘날 고의적 불순종자들이다.

교제를 끊어야 할 이유

성경은 우리가 왜 그런 자들과 교제를 끊어야 한다고 가르치는가? 우리가 그런 자들과 교제를 끊어야 할 이유는 세 가지이다.

첫째, 교회의 본질 때문이다. 바른 사상과 신앙고백과 성경말씀에 순종함은 참된 교회의 본질이다. 그렇지 못한 것은 교회가 아니다.

둘째, 교회의 순결성 때문이다. 교회는 거룩하며 그 거룩함을 실제적으로도 지켜야 한다. 교회는 교리의 영역에서와 윤리의 영역에서 그 거룩함을 지켜야 한다. 적어도 참 교회는 교리적 오류들과 도덕적 오류들을 고의적으로 포용해서는 안 된다. 참 교회는 '저주받을 사상'(갈 1:8)이나 '멸망케 할 이단'(벧후 2:1)을 포용해서는 안 되고 윤리적 죄악들도 포용해서는 안 된다. 참 교회는 마땅히 그런 사상을 배격해야 하고 우리는 그런 사상을 가진 자들과도 교제하지 말아야 한다.

셋째, 악의 전염성 때문이다. 고린도전서 5:6, "너희의 자랑하는 것이 옳지 아니하도다. 적은 누룩이 온 덩어리에 퍼지는 것을 알지 못하느냐?" 디모데후서 2:17, "저희 말은 독한 창질의 썩어져감과 같은데 그 중에 후메내오와 빌레도가 있느니라." 악은 제거치 않고 버려두면 점점 퍼져서 교회 전체를 부패시키고 멸망시킨다.

교제를 끊는 방법

성경은 우리가 교리적, 도덕적 오류를 가진 자들과 어떤 방법으로 교제를 끊으라고 가르치는가? 고린도후서 6:14, 17, "멍에를 같이하지 말라," "나와서 따로 있으라." 로마서 16:17, "살피고 저희에게서 떠나라." 디도서 3:10, "한두 번 훈계한 후에 멀리하라[거절하라]." 요한이서 10, "그를 집에 들이지도 말고 인사도 말라." 유다서 3, "힘써 싸우라." 고린도전서 5:11, 13, "함께 먹지도 말라," "너희 중에서 내어쫓으라." 데살로니가후서 3:6, 14, "모든 형제에게서 떠나라," "그 사람을 지목하여 사귀지 말고 저로 하여금 부끄럽게 하라."

우선, 교회 생활에서 교제의 단절이 필요하다. 교회 안에서 분리의 대상자들이 있다면, 권계(勸戒), 수찬(受餐)정지, 제명 출교 등 권징의 순서대로 처리되어야 한다. 그러나 만일 교회의 지도자들이 이단을 용납하고 그 잘못을 고칠 의향이 없다고 분명히 판단될 때, 참 성도는 그런 교회를 떠나야 할 것이다. 또 참된 교회는 자유주의 신학을 용납하는 교회들과 은사주의 교회들과 함께 연합적 집회들과 활동들을 하지 말아야 한다(부활절 연합예배, 성서공회, 찬송가공회 등).

또 개인적 교제도 조심해야 한다. 참된 성도는 악한 자와 교제하는 일이 없도록 조심해야 한다. 그러나 다른 한편 우리가 교제를 끊을 때 성도로서의 덕을 잃지 않도록 성급하지 말고 신중해야 하며 겸손하고 온유한 마음을 잃지 말아야 한다. 우리는 교만과 미움이 잘못된 교제나 악의 포용보다 더 큰 악이라는 사실을 잊지 말아야 한다.

25. 은혜의 수단

은혜의 수단이란 하나님께서 성도들에게 은혜를 주시기 위해 준비하신 수단을 가리킨다. 그것은 하나님의 말씀과 성례와 기도다. 은혜의 수단은 구원받은 성도들의 영적 성장 즉 성화(聖化)를 위해 매우 필요하고 또한 유익하다. 그러므로 그것은 성화의 수단이다.

성경말씀

성도가 하나님의 은혜를 받는 가장 중요한 수단은 성경말씀이다. 신구약성경은 하나님의 말씀이다. 시편 1:1-3, "[복 있는 사람은] 여호와의 율법을 즐거워하여 그 율법을 주야로 묵상하는 자로다. 저는 시냇가에 심은 나무가 시절을 좇아 과실을 맺으며 그 잎사귀가 마르지 아니함 같으니 그 행사가 다 형통하리로다." 시편 19:7-8, "여호와의 율법은 완전하여 영혼을 소성케 하고 여호와의 증거는 확실하여 우둔한 자로 지혜롭게 하며 여호와의 교훈은 정직하여 마음을 기쁘게 하고 여호와의 계명은 순결하여 눈을 밝게 하도다." 로마서 10:17, "믿음은 들음에서 나며 들음은 그리스도의 말씀[하나님의 말씀](전통사본)으로 말미암느니라." 디모데서 3:15-17, "성경은 능히 너로 하여금 그리스도 예수 안에 있는[예수께 대한] 믿음으로 말미암아 구원에 이르는 지혜가 있게 하느니라. 모든 성경은 하나님의 감동으로 된 것으로 교훈과 책망과 바르게 함과 의로 교육하기에 유익하니 이는 하나님의 사람으로 온전케 하며."

그러므로 개인적으로 성경을 읽고 묵상하는 것은 매우 중요하다. 시편 1:2-3, "[복 있는 사람은] 여호와의 율법을 즐거워하여 그 율법을 주야로 묵상하는 자로다." 시편 119:97, "내가 주의 법을 어찌 그리 사랑하는지요? 내가 그것을 종일 묵상하나이다."

우리는 매일 적어도 30분 이상 규칙적으로 성경을 읽고 묵상해야
하며 이렇게 함으로써, 1년에 1회 이상 성경을 통독(通讀)해야 할 것
이다. 욥기 23:12, "내가 그의 입술의 명령을 어기지 아니하고 일정한
음식보다 그 입의 말씀을 귀히 여겼구나."

또 교회로 모일 때 성경적 설교와 성경강해가 매우 중요하다. 여기
에 목사의 참된 충성이 있다. 마태복음 28:20, "내가 너희에게 분부한
[명령한] 모든 것을 가르쳐 지키게 하라." 디모데후서 4:2, "너는 말씀
을 전파하라. 때를 얻든지 못 얻든지 항상 힘쓰라." 디모데전서 4:13,
"내가 이를 때까지 읽는 것과 권하는 것과 가르치는 것에 착념하라."

성례(聖禮)

성도가 하나님의 은혜를 받는 또 하나의 수단은 성례이다. 성례는
주께서 친히 제정하신 세례와 성찬을 가리킨다. 성례는 유형적(有形
的) 말씀이다. 성경말씀의 핵심은 예수 그리스도의 속죄의 복음이며
성례는 그 말씀을 눈으로 볼 수 있게 나타내며 상징하는 것이다.

세례는 죄씻음과 그리스도와의 연합을 상징하고 확증한다. 마태복
음 28:19, "아버지와 아들과 성령의 이름으로(에이스 토 오노마 εἰς
τὸ ὄνομα, '이름 안으로') 세례를 주라." 사도행전 2:38, "너희가 회개
하여 각각 예수 그리스도의 이름으로 세례를 받고 죄사함을 얻으라."
에베소서 5:26, "물로 씻어 말씀으로 깨끗케 하사." 로마서 6:3, "그리
스도 예수와 합하여(에이스 εἰς) 세례를 받은 우리는." 또한 세례는
신자가 하나님의 백성이 되었다는 공적인 고백이기도 하다. 마태복
음 28:19, "너희는 가서 모든 족속으로 제자를 삼아 아버지와 아들과
성령의 이름으로 세례를 주고." 사도행전 2:41, "그 말을 받는 사람들
은 세례를 받으매 이 날에 제자의 수가 3천이나 더하더라."

성찬은 예수 그리스도의 죽으심과 그의 속죄의 은혜를 상징하고

확증한다. 고린도전서 11:23-26, "내가 너희에게 전한 것은 주께 받은 것이니 곧 주 예수께서 잡히시던 밤에 떡을 가지사 축사하시고 떼어 가라사대 [받아 먹으라.] 이것은 너희를 위하는[위하여 찢는] 내 몸이니 이것을 행하여 나를 기념하라 하시고 식후에 또한 이와 같이 잔을 가지시고 가라사대 이 잔은 내 피로 세운 새 언약이니 이것을 행하여 마실 때마다 나를 기념하라 하셨으니, 너희가 이 떡을 먹으며 이 잔을 마실 때마다 주의 죽으심을 오실 때까지 전하는 것이니라."

우리는 예수 그리스도께서 성찬에서 실제로 그러나 영적으로 함께 하신다고 생각한다. 떡과 포도즙이 예수님의 살과 피로 변한다거나 (천주교회의 화체설 化體說), 떡과 포도즙 안에, 그 밑에, 그 곁에 그의 살과 피가 함께 있다거나(루터교회의 공재설 共在說), 떡과 포도즙은 단지 상징에 불과하다는(즈윙글리의 기념설) 등의 생각은 바르지 않다고 본다. 사도 바울은 성찬을 "그리스도의 피에 참여함"이라고 불렀고(고전 10:16), 성찬의 떡과 잔을 합당치 않게 먹고 마시는 자는 주의 몸과 피를 범하는 죄가 있다고 말했다(고전 11:27).

기도

성도가 하나님의 은혜를 받는 또 하나의 수단은 기도이다. 마태복음 7:7, "구하라, 그러면 너희에게 주실 것이요." 요한복음 14:14, "내 이름으로 무엇이든지 내게 구하면 내가 시행하리라."

기도의 요소들은 감사와 찬양, 죄의 고백, 간구이다. 기도의 모범적 내용은 주께서 가르쳐 주신 기도이다(마 6:9-15). 우리는 언제, 어디서나 기도할 수 있고, 기도할 때는 예수 그리스도의 이름으로, 간절히 기도해야 한다(요 14:13; 눅 11:8). 우리는 매일 30분 이상 기도하기를 힘쓰는 것이 좋다. 다니엘 6:10, "하루 세 번씩 무릎을 꿇고 기도하며." 기도할 때 기도제목을 쓴 종이를 보면서 하면 도움이 된다.

26. 세례의 방식과 대상

은혜의 수단인 성례 중 세례에 대하여, 복음적 개신교회들 안에서 세례의 방식과 대상에 대해 서로 다른 견해들이 있었다. 개신교회들 대다수는 물을 뿌리는 세례 방식과 유아에게 베푸는 세례를 인정하였으나 침례교회는 그 두 가지를 부정하였다. 물을 뿌리는 세례 방식과 유아세례는 정당한가? 그 정당성은 어디에 있는가? 침례교회의 주장은 무엇이며 어떤 점에 문제가 있다고 보는가?

세례의 방식

우리는 물을 뿌리거나 붓거나 물에 담그는 세례 방식을 다 인정한다. 그러나 침례교회는 세례의 정당한 방식이 물 속에 담그는 침수(浸水)뿐이라고 주장한다. 그들이 그렇게 주장하는 이유는 '세례준다'는 원어가 '물에 담근다'는 뜻이며, 세례자를 물에 담그는 것만 그의 옛사람의 죽음과 새 사람의 삶을 표현할 수 있기 때문이라고 한다.

그러나 우리는 침례교회의 그러한 주장이 정당하지 않다고 본다. 첫째로, 세례준다는 원어(밥티죠 βαπτίζω)는 '물에 담근다'는 뜻 외에 '씻는다, 깨끗하게 한다'는 뜻도 있다. 마가복음 7:4, "시장에서 돌아와서는 물을 뿌리지(밥티손타이 βαπτίσωνται) 않으면 먹지 아니하며 그 외에도 여러 가지 지키어 오는 것이 있으니 잔과 주발과 놋그릇을 씻음(밥티스무스 βαπτισμοὺς)이러라." 히브리서 9:10, "여러 가지 씻는 것(밥티스모이스 βαπτισμοῖς)과."

둘째로, 세례의 기본적 의미는 죄씻음이며 그것은 물을 뿌림으로 충분히 표현된다. 사도행전 2:38, "너희가 회개하여 각각 예수 그리스도의 이름으로 세례를 받고 죄사함을 얻으라." 사도행전 22:16, "주의 이름을 불러 세례를 받고 너의 죄를 씻으라." 에스겔 36:25, "맑은 물로 너희에게 뿌려서 너희로 정결케 하되."

셋째로, 성경에 기록된 세례의 명령과 예들은 세례의 방식을 명확히 지시하지 않는다. 또 침수 방식에 대한 증거로 인용되는 다음의 구절들은 그것을 증명하지 않는다. 마태복음 3:16, "예수께서 세례 받으시고 곧 물에서 올라 오실새"(함께 올라오심). 사도행전 8:38-39, "둘 다 물에 내려가 빌립이 세례를 주고 둘이 물에서 올라갈새."

넷째로, 침수의 방식은 하나님의 복음의 보편적 성격에도 부합하지 않는다. 예를 들어, 심각한 병자들에게나, 물이 귀한 사막 지방이나 추운 지방 등의 경우에 침수 방식의 세례는 불가능할 것이다.

따라서, 우리는 일반적으로 인정되는, 물을 뿌리거나 물을 붓거나 물 속에 담그는 세례 방식들이 다 정당성을 가진다고 본다. 세례에서 중요한 것은 물이라는 상징물이지, 물의 양(量)이 아니라고 본다.

세례의 대상

또 우리는 유아세례를 정당하다고 본다. 그러나 침례교회는 성인 세례만 인정하고 유아세례를 반대한다. 그들은 유아가 예수 그리스도께 대한 신앙을 고백할 수 없고 신약성경에 유아세례에 대한 명확한 명령이나 예가 없기 때문에 반대한다고 한다. 그러나 우리는 유아 세례가 성경적 근거를 가지며 또 초대교회로부터 내려오는 보편적 전통이기 때문에 그것을 부정해서는 안 된다고 본다.

첫째로, 구약시대나 신약시대나 은혜언약은 동일하다. 갈라디아서 3:29, "너희가 그리스도께 속한 자면 아브라함의 자손이요 약속대로 유업을 이을 자니라." 로마서 4:16, "아브라함은 하나님 앞에서 우리 모든 사람의 조상이라." 구약시대에 유아들은 난 지 8일 만에 할례를 받아 언약에 참여하였고(창 17:12) 그 후에 하나님께서 그들을 언약에서 제외시킨 적이 없으므로 신약시대에도 그들은 언약에 참여할

권리가 있다고 본다. 구약시대에 언약 백성이었던 유아들이, 은혜의 시대인 신약시대에 이방인으로 간주될 수는 없을 것이다. 시편 127:3, "자식은 여호와의 주신 기업이요 태의 열매는 그의 상급이로다."

둘째로, 예수 그리스도께서는 신자의 어린아이들을 천국 백성으로 여기셨다. 마가복음 10:14, "어린아이들의 내게 오는 것을 용납하고 금하지 말라. 하나님의 나라가 이런 자의 것이니라."

셋째로, 사도 바울은 신자의 자녀들을 거룩하다고 말했다. 고린도전서 7:14, "믿지 아니하는 남편이 아내로 인하여 거룩하게 되고 믿지 아니하는 아내가 남편으로 인하여 거룩하게 되나니 그렇지 아니하면 너희 자녀도 깨끗지 못하니라. 그러나 이제 거룩하니라."

넷째로, 사도 바울은 신자의 자녀를 교회의 회원으로 여기며 교훈하였다. 에베소서 6:1, "자녀들아, 너희 부모를 주 안에서 순종하라."

다섯째로, 신약성경에는 가정 구원의 약속이 있다. 사도행전 16:31, "주 예수를 믿으라, 그리하면 너와 네 집이 구원을 얻으리라."

여섯째로, 신약성경에는 전 가족이 세례받은 예들이 있다. 사도행전 16:15, "저[루디아]와 그 집이 다 세례를 받고." 사도행전 16:33, "자기[빌립보 간수]와 그 권속[가족]이 다 세례를 받은 후." 이 경우, 그 가정에 유아가 있었다면, 그도 세례받았을 것이라고 추정된다.

일곱째로, 유아세례는 교회의 전통적, 보편적 의식이다. 어거스틴은, "유아세례의 교리가 교회 회의들에 의해 제정되지 않았으나 전 세계 교회가 일반적으로 실행한다는 사실을 볼 때, 그 교리는 아마도 사도들의 권위에 의해 확정되었을 것이다"라고 말하였다.

이상의 이유 때문에, 우리는 예수 그리스도를 믿는 자의 자녀들을 세례의 정당한 대상으로 본다. 그러나 우리는 이러한 믿음과 더불어 유아세례를 받게 한 부모의 책임도 강조한다. 부모는 세례받은 유아들을, 말씀 교훈과 기도로 또 좋은 본을 보임으로 잘 양육해야 한다.

27. 사람의 죽은 후 상태

몸의 죽음

사람은 몸의 죽음으로 이 세상의 삶을 마친다. 몸의 죽음은, 의학적으로 혹은 경험적으로는 심장의 박동 혹은 맥박이 멈추는 것 혹은 코의 호흡이 그치는 것을 의미하지만, 성경적으로는 영혼이 몸을 떠나는 현상, 즉 몸과 영혼의 분리를 가리킨다. 영 혹은 영혼은 몸의 생명 원리이다. 영혼이 있으면 몸에 생명이 있고, 영혼이 떠나면 몸에 생명이 없다. 전도서 12:7은 사람의 죽음을, 흙이 땅으로 돌아가고 영이 그 주신 하나님께로 돌아가는 것이라고 표현하였다.

사람의 몸의 죽음은 창조 질서에 속한 자연 현상이 아니고, 사람의 죄 때문에 온 것이다. 창세기 2:17, "네가 먹는 날에는 정녕 죽으리라." 창세기 5:5, "죽었더라"(창 5장에 반복됨). 로마서 5:12, "한 사람으로 말미암아 죄가 세상에 들어오고, 죄로 말미암아 사망이 왔나니."

죄사함을 받은 성도들도 죽는 이유는 아직 몸의 부활의 때가 되지 않았기 때문이다. 만일 성도가 살아서 주의 재림을 맞으면 그는 죽지 않고 영광스런 몸으로 변화될 것이다. 그러나, 성도에게 몸의 죽음은 두렵고 슬픈 일이 아니고 소망과 기대가 있는 일이며 복되고 영광스런 일이고, 지상에서의 하나님의 마지막 훈련 과정이다.

몸의 죽음은 모든 사람에게 중요하다. 그것은 사람의 생애의 마침이다. 또 그것은 각 사람의 영혼이 다른 세계, 즉 천국 혹은 지옥으로 들어가는 것을 의미한다. 또 사람의 몸의 죽음은 그의 영원한 상태를 확정시킨다. 누가복음 16:26, "너희와 우리 사이에 큰 구렁이 끼어 있어 여기서 너희에게 건너가고자 하되 할 수 없고 거기서 우리에게 건너올 수도 없게 하였느니라."

의인의 영혼

사람의 영 혹은 영혼은 불멸적(不滅的)이며 몸의 죽음 후에도 지정의(知情意)의 의식을 가지고 존재한다. 그러면 사람의 영혼은 몸의 죽음 후 어디로 가며 어떤 상태에 있는가? 성경은 몸의 죽음 후 영혼의 상태가 의인과 악인의 경우에 다르다고 증거한다.

의인은 죽을 때 그 영혼이 완전히 거룩해져서 즉시 천국에 들어가 영광 중에 하나님과 함께 거하며 안식을 누린다. 웨스트민스터 신앙고백 32:1은 "의인들의 영혼들은 죽을 때 온전히 거룩해져서 지극히 높은 하늘로 영접되어 빛과 영광 가운데서 하나님의 얼굴을 뵈오며 그들의 몸의 온전한 구속(救贖)을 기다린다"고 말한다.

성경은 이 사실을 풍성하게 증거한다. 에녹과 엘리야가 죽지 않고 승천한 것은 천국의 세계를 증거한다(창 5:24; 왕하 2:11). 구약성경의 여러 구절들은 의인들이 죽은 후 들어가는 복된 세계가 있음을 증거한다. 시편 16:10-11, "이는 내 영혼을 음부[지옥]에 버리지 아니하시며 주의 거룩한 자로 썩지 않게 하실 것임이니이다." 시편 73:24, "주의 교훈으로 나를 인도하시고 후에는 영광으로 나를 영접하시리니." 시편 116:15, "성도의 죽는 것을 여호와께서 귀중히 보시는도다." 잠언 14:32, "의인은 그 죽음에도 소망이 있느니라."

신약성경은 의인의 죽은 후 세계를 더 분명히 증거한다. 누가복음 16:22, 25, "그 거지가 죽어 천사들에게 받들려 아브라함의 품에 들어가고," "저는 여기서 위로를 받고." 누가복음 23:43, "오늘 네가 나와 함께 낙원에 있으리라." 아브라함의 품이나 낙원은 천국을 가리킨다(고후 12:2, 4 참조). 고린도후서 5:8, "담대하여 원하는 바는 차라리 몸을 떠나 주와 함께 거하는 그것이라." 빌립보서 1:23, "떠나서 그리스도와 함께 있을 욕망을 가진 이것이 더욱 좋으나." 히브리서 12:23, "하늘에 기록한 장자들의 총회와 . . . 온전케 된 의인의 영들과."

악인의 영혼

그러나 악인의 영혼은 즉시 지옥에 던지워 거기서 고통을 당한다. 웨스트민스터 신앙고백 32:1은 "악인들의 영혼들은 지옥에 던지워서 그곳에서 고초와 전적인 흑암 가운데 지내며 큰 날의 심판까지 갇히어 있다"고 말한다. 악인의 영혼은 없어지거나 의식이 없이 잠자거나 귀신이 되어 떠돌아다니는 것이 아니고 지옥에 던지운다.

구약성경은 이 사실을 '음부'(陰府, 쉐올 שְׁאוֹל)라는 말로 증거한다. '음부'는 무덤이나 지옥을 의미한다. 구약성경에서 악인들이 죽은 후에 들어갈 형벌의 장소를 가리키는 말은 이 단어뿐이다. 시편 9:17, "악인이 음부[지옥]로 돌아감이여, 하나님을 잊어버린 모든 열방이 그리하리로다." 잠언 5:5, "음녀의 걸음은 음부로 나아가나니." 잠언 23:14, "아이를 채찍으로 때리면, 그 영혼을 음부에서 구원하리라."

신약성경은 이 사실을 더 분명히 증거한다. 누가복음 16:22-24, 28, "부자도 죽어 장사되매 저가 음부(陰府)에서 고통 중에 . . . 나사로를 보내어 그 손가락 끝에 물을 찍어 내 혀를 서늘하게 하소서. 내가 이 불꽃 가운데서 고민하나이다," "저희로 이 고통 받는 곳에 오지 않게 하소서." 본문의 음부는 분명히 지옥을 가리킨다. 베드로후서 2:9, "[주께서] 불의한 자는 형벌 아래 두어 심판 날까지 지키시며." 유다서 6, "자기의 [처음] 지위를 지키지 아니하고 자기 처소를 떠난 천사들을 큰 날의 심판까지 영원한 결박으로 흑암에 가두셨으며."

성도는 죽은 후 그 영혼이 천국에 들어가지만, 악인은 죽은 후 그 영혼이 지옥에 던지운다. 성경은 사람의 죽은 후 상태에 관해 이 두 장소 외에 다른 아무 곳도 가르치지 않는다. 웨스트민스터 신앙고백 32:1, "몸들과 분리된 영혼들을 위해 이 두 장소 외에, 성경은 다른 아무 곳도 인정치 않는다." 그러므로 우리는 죽기 전에 우리의 영원한 처소를 잘 준비해야 한다. 그대는 영원을 어디에서 보낼 것인가?

28. 예수 그리스도의 재림

하나님께서 창조하신 이 지구는 시작이 있었듯이 마지막도 있을 것이다. 지구의 종말 곧 세상 종말은 예수 그리스도의 오심으로 시작되었으나 그의 재림(再臨)으로 완성될 것이다. 예수 그리스도의 재림은 모든 성도에게는 복된 소망이다. 그러나 그것은 악인에게는 참으로 두려운 사건이다. 그가 다시 오셔서 세상을 심판하실 것이기 때문이다. 사도신경, "저리로서 산 자와 죽은 자를 심판하러 오시리라."

재림의 확실성

주 예수 그리스도의 재림은 성도의 확실한 소망이다. 예수께서는 자신의 재림을 친히 약속하셨다. 마태복음 24:30, "인자가 구름을 타고 능력과 큰 영광으로 오는 것을 보리라." 마태복음 24:35, "천지는 없어지겠으나 내 말은 없어지지 아니하리라." 마태복음 26:64, "이후에 인자가 . . . 하늘 구름을 타고 오는 것을 보리라." 요한복음 14:3, "가서 너희를 위하여 처소를 예비하면 내가 다시 와서."

사도들도 예수 그리스도의 재림을 분명히 가르쳤다. 데살로니가전서 4:16, "주께서 호령과 천사장의 소리와 하나님의 나팔로 친히 하늘로 좇아 강림하시리니." 데살로니가후서 1:7, "주 예수께서 저의 능력의 천사들과 함께 하늘로부터 불꽃 중에 나타나실 때에." 베드로후서 3:10, "주의 날이 도적같이 오리니 그 날에는 하늘이 큰 소리로 떠나가고 체질이 뜨거운 불에 풀어지고." 요한계시록 1:7, "볼지어다, 구름을 타고 오시리라. 각인의 눈이 그를 보겠고 그를 찌른 자들도 볼 터이요 땅에 있는 모든 족속이 그를 인하여 애곡하리니 그러하리라. 아멘." 요한계시록 22:20, "이것들을 증거하신 이가 가라사대 내가 진실로 속히 오리라 하시거늘 아멘, 주 예수여, 오시옵소서."

28. 예수 그리스도의 재림

재림의 모습

예수 그리스도의 재림은 어떤 모습으로 이루어질 것인가? 우선, 그는 사람들이 볼 수 있는 방식으로 다시 오실 것이다. 마태복음 24:30, "그때에 인자의 징조가 하늘에서 보이겠고 그때에 땅의 모든 족속들이 통곡하며 그들이 인자가 구름을 타고 능력과 큰 영광으로 오는 것을 보리라." 사도행전 1:11, "너희 가운데서 하늘로 올리신 이 예수는 하늘로 가심을 본 그대로 오시리라." 요한계시록 1:7, "볼지어다, 구름을 타고 오시리라. 각인의 눈이 그를 보겠고 그를 찌른 자들도 볼 터이요." 예수께서 은밀하게 재림하신다는 사상은 성경 어디에도 없다.

또 그는 영광스럽게 오실 것이다. 마태복음 24:30, "그들이 인자가 구름을 타고 능력과 큰 영광으로 오는 것을 보리라." 데살로니가전서 4:16, "주께서 호령과 천사장의 소리와 하나님의 나팔로 친히 하늘로 좇아 강림하시리니." 데살로니가후서 1:7, "주 예수께서 저의 능력의 천사들과 함께 하늘로부터 불꽃 중에 나타나실 때에."

또 그는 갑작스럽게 오실 것이다. 마태복음 24:43, "도적같이"(살전 5:2; 계 16:15). 그러나 '갑작스러움'은 주께서 어느 때든지, 어느 순간에든지 오실 수 있다는 뜻은 아니다. 왜냐하면 주께서는 그의 재림 직전의 징조들에 대해 말씀하셨기 때문이다(마 24:3-14).

재림의 징조들

예수 그리스도의 재림의 시간은 아무도 모르지만(막 13:32), 그의 재림 직전에 여러 가지 징조들이 있을 것이다.

첫째로, 미혹과 배교(背教)가 있을 것이다. 마태복음 24:4-5, "많은 사람이 내 이름으로 와서 이르되 나는 그리스도라 하여 많은 사람을 미혹케 하리라"(마 24:11). 데살로니가후서 2:3, "먼저 배도(背道)하는 일이 있고." 오늘날 이단들 가운데는, 천주교회를 비롯하여 여호와의 증인, 안식교, 몰몬교, 통일교 등이 있고, 또한 특히 개신교회들 속에 들어와 교회를 부패시킨 자유주의 신학이 있다. 성경의 근본 교리들을 부정하는 자유주의 신학은 교회역사상 가장 파괴적 이단이다.

둘째로, 전쟁, 기근, 질병, 지진이 있을 것이다. 마태복음 24:7-8, "민족이 민족을, 나라가 나라를 대적하여 일어나겠고, 처처에 기근[들]과 [온역들과] 지진[들]이 있으리니 이 모든 것이 재난의 시작이니라." 요한계시록에도 유프라데스강 주위에서의 큰 전쟁과 아마겟돈 전쟁이 예언되어 있다(8, 9, 16장). 20세기에 1, 2차 세계대전이 있었다. 또 20세기에 들어와 지구 곳곳에 큰 기근들이 있었고 지금도 매일 수억만명이 굶주리고 있다고 한다. 20세기 이후에는 대지진들도 더욱 빈번해졌다. 20세기에 5천명 이상의 사망자를 낸 지진들이 24개 이상이며, 그 중 2만명 이상의 사망자를 낸 것이 14개나 된다.

셋째로, 적그리스도의 출현과 그로 인한 교회의 핍박이 있을 것이다. 적그리스도는 정치적 인물이라고 생각된다. 데살로니가후서 2:3-4, "(주의 재림은) 저 불법의 사람 곧 멸망의 아들이 나타나기 전에는 이르지 아니할 것임이니라." 현대의 공산주의 독재자들은 이 징조의 성취라고 보여진다. 이런 징조에 더하여, 세계복음화와 이스라엘의 국가적 회개운동이 있을 것이다(마 24:14; 롬 11:25-26).

오늘 우리는 재림의 징조들이 이루어지고 있음을 본다. 주의 재림이 가까워 오고 있다. 우리는 깨어 있어 주의 재림을 맞이할 준비를 해야 한다. 마태복음 24:42, "그러므로 깨어 있으라. 어느 날에 너희 주가 임할는지 너희가 알지 못함이니라." 깨어 있는다는 것은 참된 믿음과 거룩과 사랑의 삶을 힘쓰는 것을 말한다(살전 3:12-13). 신약성경 맨 마지막에는 "내가 진실로 속히 오리라"는 주 예수님의 약속이 있고 "아멘, 주 예수여, 오시옵소서"라는 사도 요한의 응답이 있다(계 22:20). 우리도 그렇게 대답하자. "아멘, 주 예수여, 오시옵소서."

29. 휴거와 천년왕국

휴거(携去, Rapture)

휴거(携去, rapture)는 주 예수 그리스도께서 재림하실 때 성도들이 그를 영접하기 위해 하늘로 들리우는 것을 말한다. 데살로니가전서 4:16-17, "주께서 호령과 천사장의 소리와 하나님의 나팔로 친히 하늘로 좇아 강림하시리니 그리스도 안에서 죽은 자들이 먼저 일어나고 그 후에 우리 살아 남은 자도 저희와 함께 구름 속으로 끌어올려 공중에서 주를 영접하게 하시리니."

휴거에 대해 여러 가지 견해들이 있다. 어떤 이들은 승리한 신자들만 휴거된다고 생각한다('부분적 휴거설'). 그들은 그 근거로 "너희는 장차 올 이 모든 일을 능히 피하고 인자 앞에 서도록 항상 기도하며 깨어 있으라"(눅 21:36)는 말씀을 든다. 그러나 성경은 "우리가 마지막 나팔에 순식간에 홀연히 다 변화하리라"(고전 15:51)고 말씀하여 신자들 가운데 구별을 두지 않음을 보인다.

어떤 이들은 신자들이 대환난 기간 중 처음 3년 반 후에 들리운다고 생각한다('환난 중간 휴거설'). 그들은 그 근거로 요한계시록 11장에 나오는 두 증인의 승천을 든다. 그러나 성경의 어떤 상징적 사건에 대한 주관적 해석이 교리의 근거가 될 수는 없다고 본다.

어떤 이들은 신자들이 대환난 전에 들리운다고 생각한다('환난 전 휴거설'). 이들은 예수 그리스도의 재림을 공중의 은밀한 재림과 지상의 드러난 재림으로 나누며 그 사이에 대환난이 있다고 한다.

휴거를 대환난 전에 두는 이유는 다음과 같다: (1) 예수님은 어느 때든지 오실 수 있으므로, 만일 그가 대환난 후에 오신다면 대환난 전에는 오실 수 없기 때문에 어느 때든지 오실 수 없게 되고 따라서 대환난 전에 오셔야 한다. (2) 대환난은 하나님의 진노의 때인데(계 8:13) 신자는 하나님의 진노에서 구원 얻었고 또 구원 얻을 자이므로(롬 5:9) 거기에 참여치 않을 것이다. (3) 요한계시록의 대환난 기간에 관한 예언에는 '교회'라는 말이 없고 '성도'라는 말만 나오는데, 이것은 교회는 들리우고 이스라엘 백성만 환난 당함을 가리킬 것이다.

그러나, (1) 예수님은 어느 때든지 오실 수 있는 것이 아니고, 갑작스럽게 오시는 것뿐이며, 그는 예언된 여러 징조들을 가진 대환난 후에 오실 것이다. 그의 재림의 돌연성을 묘사하는 '도적같이'라는 말은 대환난 후의 재림을 묘사하기 위해 사용된 말이었다(마 24:21, 29, 42-23). (2) '하나님의 진노'라는 표현은 악인들에 대한 표현일 뿐이며, 또 성경은 환난 중에도 성도에게 피할 길이 있음을 암시한다(계 9:4; 16:2). (3) 신약시대에는 교회와 성도의 구별이 없다(롬 1:7). (4) 무엇보다, 성경에 예언된 예수님의 재림은 눈으로 볼 수 있는 사건이며, 재림의 두 단계의 주장 즉 은밀한 공중 재림과 영광의 지상 재림에 대한 주장은 성경 어디에서도 그 확실한 근거를 가지지 못한다.

성경이 예언한 휴거란 대환난이 지난 후 주께서 재림하실 때 성도들이 들리워 주를 영접하는 사건이다. 휴거는 은밀한 사건이 아니고 천사의 나팔소리를 동반한 떠들썩한 큰 사건이며(살전 4:16), 그때는 바로 대환난 후 영광스런 주의 재림의 때이다(마 24:29-30).

천년왕국

요한계시록 20:1-6은 천년 간 사탄의 결박, 성도들의 부활과 천년 간 그리스도와 함께 왕노릇함에 대해 증거한다.

어떤 이들은 이 말씀을 교회 시대에 대한 상징으로 본다. 이것을 '무천년설'이라고 한다. 그것은 신약성경 다른 곳에 천년왕국에 대한 언급이나 암시가 없고, 성경은 의인과 악인의 부활과 심판이 동시에 있을 것으로 보이기 때문이다(단 12:2; 요 5:29; 마 13장, 25장; 살전; 살후; 벧후 3장). 그러나 요한계시록은 종말 예언에 대해 독특한 권위를 가지며(계 1:19; 22:18-19), 특히 요한계시록 20:1-6에 증거된 사탄의 결박은 교회 시대에 적합해 보이지 않는다.

어떤 이들은 천년왕국을 교회 시대 말의 기독교 황금 시대를 상징한다고 본다. 이것을 '후천년설'이라고 한다. 그것은 위의 무천년설의 근거에 덧붙여 계시록 본문에 좀더 충실하려는 생각에 근거한다. 그러나 이 견해는 성경의 말세 징조들과 또 1, 2차 세계대전을 겪은 현 시대적 상황에 잘 조화되지 않아 보인다. 또 이 견해에서는 대환난과 요한계시록 20장의 앞뒤 사건들이 적절히 조화되기 어려워 보인다.

어떤 이들은 천년왕국을 예수 그리스도의 재림 후에 있을 유대인들의 천년왕국이라고 본다. 이것을 '세대주의적 전천년설'이라고 한다. 이 견해에 의하면, 이사야와 에스겔의 예언대로 그때에 예루살렘 성전이 재건되고 구약 제사와 절기가 회복될 것이라고 한다. 이 견해는 이스라엘의 회복에 대한 구약 예언들과 요한계시록 19장, 20장의 내용들에 대한 문자적 해석에 근거한다. 그러나 구약 예언들에 대한 문자주의적 해석은 정당치 않다고 보며(갈 3:29), 또한 신약 아래서 폐지된(히 8:13) 제사와 절기 등 구약의 의식법들이 회복된다는 주장도 정당성을 가지지 못한다고 본다.

한국 장로교회의 전통적 견해는 예수 그리스도의 재림 후에 천년왕국이 있을 것이며 그리스도인들은 부활하여 예수 그리스도와 함께 천년 동안 왕노릇할 것이라는 것이다('역사적 전천년설'). 이 견해는 초대교회의 어떤 교부들의 견해이었다(저스틴, 이레니우스, 터툴리안). 이 견해는 요한계시록 문맥에 가장 적합해 보인다. 그러나 의인과 악인의 부활과 심판이 동시에 있을 것으로 보이는 다른 여러 성경 구절과 조화시키기 어렵다는 것은 이 견해가 가진 어려운 점이다.

30. 마지막 심판

마지막 심판

주 예수께서는 온 세상을 심판하시는 심판주로 다시 오실 것이다. 마지막 심판은 기독교의 근본 교리이다(히 6:2; 사도신경).

심판주는 예수 그리스도이시다. 사도 베드로는 주 예수께서 산 자들과 죽은 자들의 심판자이심을 증거하였다(행 10:42). 사도 바울도 하나님께서 예수 그리스도로 천하를 공의로 심판하실 날을 작정하셨다고 증거하였다(행 17:31). 천사들은 주 예수님을 돕는 자들이 되며(마 13:41-42) 성도들도 심판의 협력자가 될 것이다(고전 6:2-3).

심판의 대상들은 사탄과 악령들(마 25:41)과 모든 사람들, 즉 그때 살아 있는 자들과 이미 죽은 자들을 다 포함한다(행 10:42; 딤후 4:1; 계 20:12-13). 심판의 대상인 모든 사람들 속에는 구주 예수 그리스도를 믿는 자들도 포함될 것이다(롬 14:10; 고후 5:10).

심판의 때는 죽은 자들의 부활 후 어느 때이다(요 5:28-29). 마지막 심판은 단일한 사건, 즉 '날들'이 아니고 '날'이다(행 17:31; 롬 2:5, 16; 벧후 3:7; 유 6). 어떤 이들은 세 차례의 마지막 심판을 주장하지만, 그것은 확실한 성경적 근거가 없다고 본다.

심판의 근거는 사람들의 행위들이다. 사람들은 자신의 행위들에 따라 심판을 받을 것이다(전 12:14; 롬 2:6; 고후 5:10; 계 20:12-13). 사람의 행위에는 세상에서 그가 품은 모든 생각과 그가 한 모든 말들이 포함된다(마 12:36). 또 그 심판은 사람들이 가진 진리의 지식의 정도에 따라 이루어진다(눅 12:47-48). 또 심판의 근거로서 가장 중요한 것은 사람이 예수 그리스도를 믿는 여부이다(요 3:18, 36; 5:24).

마지막 심판은 지극히 공의롭고 철저한 심판이다(롬 2:5, 16). 그것은 모든 사람이 의롭고 선하게 살아야 할 확실한 이유이다. 또 그것은 성도가 이 세상에서 부당하게 고난과 핍박을 당할지라도 낙심치 말아야 할 이유이기도 하다. 마지막 심판의 결과, 악인들은, 사탄과 악한 천사들들과 함께, 영원한 지옥 불못에 던지울 것이다.

의인들과 악인들의 부활

마지막 심판을 위해 의인들과 악인들은 다 부활할 것이다. 죽은 자들의 부활은 기독교의 근본 진리이다(히 6:2; 사도신경).

예수께서는 죽은 자들의 부활을 분명하게 증거하셨다(마 22:31-32; 요 5:29). 사도 바울도 의인과 악인의 부활에 대해 분명히 증거하였다(행 24:15). 또 그는 고린도전서 15장에서 죽은 자들의 부활에 대해 그리스도의 부활에 근거하여 매우 강조하여 증거하였다(12-20절).

부활의 대상은 아담 이후의 모든 사람들이다. 거기에는 의인들뿐 아니라 악인들도 포함된다. 의인들은 영생을 위해 복된 부활을 할 것이요 악인들은 영원한 형벌을 위해 부끄러운 부활을 할 것이다(단 12:2; 요 5:29; 계 20:12-15).

사람의 부활의 몸은 본래의 몸과 동일성을 가질 것이다. 즉 부활은 죽은 자의 몸이 다시 살아나는 것이다(신앙고백 32:2). 물론 그것은 본래의 몸과 다른, 변화된 특질을 가질 것이다. 의인의 부활의 몸은 강하고 아름답고 영광스러운 몸일 것이다(고전 15:42-44). 그것은 주 예수 그리스도의 영광의 몸의 형체를 닮았고 시간과 공간의 제약을 받지 않는 몸일 것이다(빌 3:21). 그러나 악인의 부활의 몸은 영원한 멸망의 형벌을 받을 부끄러운 몸일 것이다(단 12:2; 요 5:29).

천국과 지옥

마지막 심판의 결과, 천국과 지옥이 열릴 것이다. 그것은 인류 역사의 마지막 단계이며 최종적 상태이다. 그것은 영원한 세계이다.

의인들은 천국에 들어갈 것이다. 성경에서 천국(天國) 혹은 하나님의 나라는 현재적 단계와 미래적 단계가 있다. 천국의 현재적 단계는 교회와 거의 동일시된다. 하나님의 나라는 씨앗같이 뿌려졌고 이미 시작되었고(마 13장) 사람들은 중생(重生)함으로 그 나라에 들어간다(요 3:5; 골 1:13). 그러므로 교회와 신자들은 '그리스도의 나라'라고 불린다(벧전 2:9; 계 1:6). 그들은 장차 그 나라를 상속받을 것이다.

그러나 천국의 영광은 아직 미래에 있다. 영광의 천국은 그리스도의 재림에 의해 초자연적 방식으로 이루어질 것이다. 우리는 지금 그 나라의 영광을 바라며 기다리고 있다(마 25:34; 벧후 1:11).

성경은 미래의 영광의 천국을 '새 하늘과 새 땅' 혹은 만물의 회복이라고 표현한다(벧후 3:12-13; 계 21:1; 행 3:21). '새 하늘과 새 땅'은 하나님의 영광으로 충만한 곳이다(롬 8:18; 고후 4:17; 계 21:2-27). 그곳은 죄와 눈물과 죽음과 병과 저주가 없고 생명과 기쁨과 아름다움으로 충만하다(계 21:1-22:5).

그러나 악인들은 지옥, 영원한 불못에 들어갈 것이다. 예수께서는 지극히 두려운 지옥 심판과 형벌에 대해 분명히 증거하셨다(마 10:28; 막 9:43-49). 요한계시록은 지옥 불못 곧 둘째 사망에 대해 밝히 증거한다(계 20:15; 21:8). 지옥은 영원한 형벌의 처소다(마 25:41; 막 9:43; 계 21:8). 하나님께서 영원하시며 의인들을 위한 천국과 영생이 영원하듯이, 사탄과 악한 천사들과 악인들을 위한 지옥도 영원할 것이다.

지옥 교리는 매우 중요하며 또 유익하다. 그것은 예수 그리스도께서 친히 선언하신 바이다. "예수 그리스도께서는 영원한 멸망의 교리에 대해 책임을 지셔야 할 분이시다"(쉐드). 또 지옥 교리는 하나님의 거룩과 의에 대해 증거하며 또 예수 그리스도의 속죄의 가치를 알게 한다. 또 지옥 교리는 죄인들에게 회개와 믿음의 정당한 동기가 된다.

복습 문제들

1. 하나님께서 계시다는 것을 어떻게 알 수 있는가?
2. 기독교 진리의 확실함을 어떻게 알 수 있는가?
3. 특별계시의 방식들은 무엇인가?
4. 구약성경의 신적 권위는 어떻게 알 수 있는가?
5. 신약성경의 신적 권위는 어떻게 알 수 있는가?
6. 성경의 무오성(無誤性)이란 무엇인가?
7. 성경의 무오성(無誤性)을 믿는 까닭은 무엇인가?
8. 하나님의 열 가지 속성들을 열거하라.
9. 삼위일체(三位一體)란 무엇인가?
10. 예수 그리스도의 신성(神性)은 어떻게 증거되는가?
11. 하나님의 작정과 사람의 자유나 우연함의 관계는 무엇인가?
12. 예정의 두 요소는 무엇인가?
13. 섭리(攝理)란 무엇인가?
14. 성령의 초자연적 은사들을 주셨던 목적은 무엇인가?
15. 성령의 초자연적 은사들은 언제 사라졌는가?
16. 성령의 초자연적 은사들은 왜 사라졌는가?
17. 오늘날의 은사 운동에 대해 평가하라.
18. 하나님의 형상의 내용이 무엇인가?
19. 사람의 구성 요소에 관하여, 삼분설은 왜 잘못인가?
20. 죄가 무엇인가?
21. 죄의 두 가지 요소가 무엇인가?
22. 마음의 상태도 죄가 된다는 성경구절을 들라.
23. 원죄(原罪)에 대한 성경적 증거들은 무엇인가?
24. 죄의 형벌은 무엇인가?
25. 행위언약과 은혜언약에 대해 간략히 서술하라.
26. 구약과 신약에 대해 간략히 서술하라.
27. 모세의 율법의 세 가지 내용은 무엇인가?
28. 도덕법의 목적은 무엇인가?
29. 구약이 은혜언약인 증거는 무엇인가?
30. 예수 그리스도의 인격의 독특성은 무엇인가?
31. 예수 그리스도의 삼직(三職)은 무엇인가?
32. 속죄(贖罪)의 성경적 의미들은 무엇인가?

복습 문제들

33. 속죄는 어떤 성격들을 가지는가?
34. 제한속죄(制限贖罪)의 근거는 무엇인가?
35. 중생(重生)의 의미와 증거를 간략히 서술하라.
36. 칭의(稱義)의 의미와 방법을 간략히 서술하라.
37. 성화(聖化)의 의미와 방법을 간략히 서술하라.
38. 성도의 견인(堅忍)에 대한 증거들을 들라.
39. 칼빈주의의 다섯 가지 교리란 무엇인가?
40. 교회는 어떤 속성들을 가지는가?
41. 교회는 어떤 성격에서 하나이어야 하는가?
42. 어떤 교회가 참 교회인가?
43. 교회의 세 가지 권위들이란 무엇인가?
44. 교회의 세 가지 임무들이란 무엇인가?
45. 사회정치활동는 왜 교회의 사명이나 임무가 아닌가?
46. 역사상 나타난 세 종류의 교회정치형태는 무엇인가?
47. 교회 직원들의 자격 요건은 한마디로 무엇인가?
48. 여자 목사나 여자 장로가 성경적이지 않은 이유는 무엇인가?
49. 은혜의 수단 세 가지는 무엇인가?
50. 세례의 의미가 무엇인가?
51. 침례(浸禮)에 대한 침례교회의 주장을 비평하라.
52. 유아 세례의 근거는 무엇인가?
53. 자유주의가 무엇이며 왜 잘못인가?
54. 교회연합운동이 무엇이며 왜 잘못인가?
55. 신복음주의는 무엇이며 왜 잘못인가?
56. 근본주의란 무엇인가?
57. 성경은 신자가 어떤 자들로부터 분리하라고 가르치는가?
58. 성경적 분리의 이유들은 무엇인가?
59. 사람은 죽은 후 그 영혼이 어디로 가는가?
60. 예수 그리스도께서는 어떤 모습으로 다시 오실 것인가?
61. 재림의 징조들은 무엇인가?
62. 환난 전 휴거설은 왜 잘못인가?
63. 천년왕국(千年王國)에 대한 네 가지의 견해는 무엇인가?
64. 의인들과 악인들의 부활을 가르치는 성경구절을 들라.
65. 세상의 영원한 상태는 무엇인가?

저자 소개

연세대학교 문과대학 철학과 졸업 (B.A.).
총신대학 신학연구원[신학대학원] 졸업 (M.Div. equiv.).
미국, Faith Theological Seminary 졸업 (Th.M. in N.T.).
미국, Bob Jones University 대학원 졸업 (Ph.D. in Theology).
계약신학대학원 교수 역임, 합정동교회 담임목사.
[역서] J. 그레셤 메이천, 신약개론, 신앙이란 무엇인가? 등 다수.
[저서] 구약성경강해 1, 2, 신약성경강해, 조직신학, 기독교교리개요,
기독교 윤리, 현대교회문제, 자유주의 신학의 이단성, 에큐메니칼운동
비평, 복음주의 비평, 기독교신앙입문, 천주교회비평, 이단종파들 등.

기독교 교리 개요

1995년 11월 15일 1판
2019년 6월 26일 10판
2021년 1월 5일 10판 2쇄

저　　자　　김 효 성

발 행 처　　옛신앙 출판사
　　　　　　Old-time Faith Press
　　　　　　www.oldfaith.net

서울 마포구 합정동 364-1
합정동교회 내
02-334-8291, 9874
oldfaith@oldfaith.net

등록번호: 제10-1225호

ISBN　978-89-98821-44-9　03230

♣ '**옛신앙**'이란, 옛부터 하나님의 선지자들과 주 예수 그리스도의 사도들이 가졌던 신앙, 오직 정확 무오(正確無誤)한 하나님 말씀인 신구약성경에만 근거한 신앙, 오늘날 배교(背敎)와 타협의 풍조에 물들지 않는 신앙을 의미합니다.

"여호와께서 이같이 말씀하시되 '너희는 길에 서서 보며 **옛적 길** 곧 **선한 길**이 어디인지 알아보고 그리로 행하라. 너희 심령이 평강을 얻으리라' 하나, 그들의 대답이 '우리는 그리로 행치 않겠노라' 하였으며"(렘 6:16).

옛신앙 옛신앙 출판사 서적 안내

☆ 주문: 전화 02-334-8291, 이메일 oldfaith@hjdc.net
☆ 계좌: 농협 301-0258-7000-81 대한예수교장로회 합정동교회